Ferdinand Pöllath

Chinas wachsender Ölbedarf

Geopolitische und wirtschaftliche Konsequenzen
für das Reich der Mitte und die Welt

Pöllath, Ferdinand: Chinas wachsender Ölbedarf, Geopolitische
und wirtschaftliche Konsequenzen für das Reich der Mitte und
die Welt, Hamburg, Diplomica GmbH

Umschlaggestaltung: Elisabeth Lutz, Hamburg

ISBN: 978-3-8324-9359-2

© Diplomica GmbH, Hamburg 2007

Bibliographische Information der Deutschen Bibliothek

Die Deutsche Bibliothek verzeichnet diese Publikation in der
Deutschen Nationalbibliografie; detaillierte bibliografische
Daten sind im Internet über http://dnb.ddb.de abrufbar.

Inhaltsverzeichnis

Abbildungsverzeichnis

Tabellenverzeichnis

Abkürzungsverzeichnis

ARAMCO	Saudi American Arabian Oil Company
AKW	Atomkraftwerk
bbl	Barrel (Maßeinheit für Öl)
BIP	Brutto-Inlandsprodukt
BSP	Brutto-Sozialprodukt
BP	British Petrol
CNOOC	China National Offshore Oil Corporation
CNPC	China National Petroleum Corporation
DOE	US Department of Energy
USD	US-Dollar
IEA	International Energy Administration
IWF	Internationaler Währungsfonds
KPCh	Kommunistische Partei Chinas
MNU	Multinationale Unternehmen
MW	Megawatt
NEPDG	(US) National Energy Policy Development Group
OPEC	Organisation of Petroleum Exporting Countries
PLA	Peoples Liberation Army
SAPC	State Administration of Petroleum and Chemical Industries (China)
SCO	Shanghai Organisation for Cooperation
SEA	State Energy Administration (China)
Sinopec	China Petrochemical Corporation
SPLA	Sudanese Peoples Libaration Army
St.	Short tons (Maßeinheit für Kohle; 907 kg)
USGS	United States Geological Survey
VN	Die Vereinten Nationen
VR	Volksrepublik (China)
WTO	World Trade Organisation

Vorwort

Im Sommer 2005 durchbrach der Ölpreis die Marke von 65 USD/Barrel Rohöl; das Fernsehen, Radio und Zeitungen waren geprägt von Berichten, Analysen und Prognosen über die steigenden Energiepreise. Nach wenigen Tagen schien für die Experten die Antwort gefunden: Die Schwellenländer Ost- und Südasiens, insbesondere Indien und China wurden für diesen Preisschub verantwortlich gemacht. Nachdem man jahrelang nur das wachsende chinesische Brutto-Inlandsprodukt (BIP) vor Augen hatte, schien diese Erklärung auch nahe zu liegen, doch übersahen viele Kommentatoren Faktoren wie Spekulationen am Kapitalmarkt oder versuchte Preispolitik durch die OPEC.[1]

Tatsächlich betrug der chinesische Ölverbrauch 2003 gerade einmal 7,6 %[2] des weltweiten Konsums (Indien 3,1 %), während Japan mit 110 Millionen Einwohnern 6,8 % und die USA mit 260 Millionen 25,1 % bestritten. Das Entscheidende dabei war jedoch, dass der chinesische Rohölkonsum innerhalb eines Jahres um 11,5 % gestiegen war und trotz einer leichten Abkühlung des chinesischen Wirtschaftswachstums nicht mit einem starken Nachlassen des Erdölbedarfs zu rechnen ist.

Dieser ganze Prozess mit seinen weltweiten Auswirkungen ist nur ein Symptom – wenn auch ein sehr deutliches – dass sich die Machtverteilung auf der Erde in einer Umbruchphase befindet. Mit der Rückkehr des bevölkerungsreichsten Landes in die Weltpolitik und Weltwirtschaft vollzieht sich ein Umbruch, welcher in seiner Tiefe und seiner Entwicklung die Rahmenbedingungen für die nächsten 100 Jahre vorgeben kann.

Da der Wiederaufstieg Chinas ohne eine starke Wirtschaft undenkbar ist und eine moderne Wirtschaft auch heute noch von einem starken Ölkonsum gekennzeichnet ist, wird die Beschaffung und Sicherung dieser Ressource für das Reich der Mitte von entscheidender Bedeutung sein.

Da andererseits die Ölvorkommen unter den Großmächten (und den ihnen nahe stehenden Konzernen) schon aufgeteilt sind, ist China durch seinen Aufstieg dazu gezwungen, die bestehenden Machtverhältnisse in Frage zu stellen und in fremde Interessenssphären vorzustoßen. Inwieweit das bereits der Fall ist und welche Chancen und Probleme sich daraus ergeben, dieser Analyse dient dieses Buch.

Allein schon wegen der Bedeutung der Thematik für die betroffenen Länder ist es verständlich, dass die Ansichten zu diesem Thema, je nach dem politischen Standpunkt, stark voneinander abweichen. Um deshalb eine möglichst objektive Analyse zu erstellen, wurde bei dieser Studie Wert darauf gelegt, die verschiedenen Positionen der Akteure anhand ihrer eigenen Äußerungen vor allem durch Primärquellen zu sichten und herauszuarbeiten.

DUISBURG AM RHEIN, SEPTEMBER 2005

---

1 The Economist, Oil: Unstoppable?, 21.8.2004, S. 59
2 BP: Energy in Focus, S. 9

1. These und theoretische Einordnung

Der Frage nach den Problemen des wachsenden chinesischen Rohölbedarfs für die Außenwirtschafts- und Sicherheitspolitik stelle ich folgende These voran:

Der steigende chinesische Importbedarf an Öl zwingt die Volksrepublik zunehmend, in fremde Einflusssphären[1] vorzudringen.

Ich werde diese These und die sich aus ihr ergebenden Konsequenzen anhand des neorealistischen Theoriegebäudes untersuchen, welches zur besseren Operationalisierung um den Hegemonie- und Macht- bzw. Gleichgewichtsansatz ergänzt wird. Zusätzlich werde ich untersuchen, inwieweit die VR China eine „Macht des Wandels" ist und was dies im Bezug auf ihr Verhältnis zu den bestehenden Großmächten bedeutet.

Als wirtschaftstheoretischen Rahmen der gesamten Untersuchung werde ich den „Grenzen des Wachstums"-Ansatz setzen.

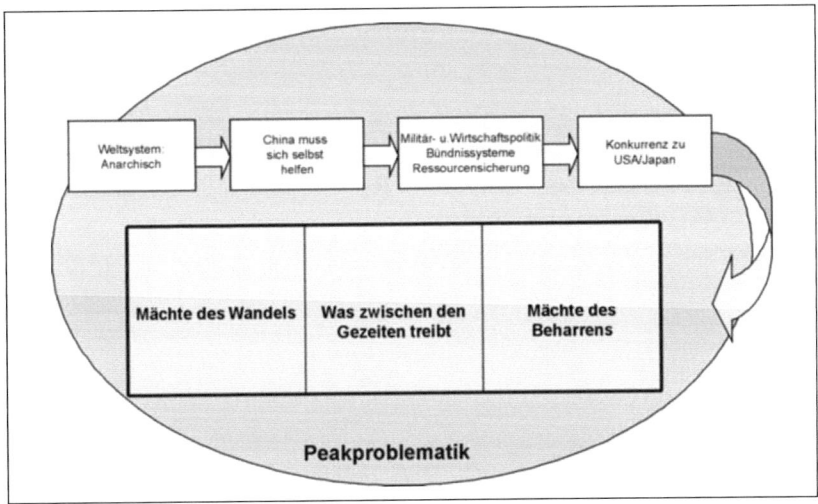

Abb. 1: Theoretischer Rahmen

---

1 Wobei Einflusssphäre (= Interessenssphäre) hier als „ (...) Gebiet, in dem (...) aufgrund von Vereinbarungen zwischen den interessierten Staaten einem von ihnen oder mehreren ein besonderes Einwirkungsrecht politischer oder wirtschaftlicher Art gegeben wird" verstanden wird. Nach: Bertelsmann Universal Lexikon, S. 400

1.1. Der Neorealismus

Der Begriff des Neorealismus beinhaltet eine Vielzahl unterschiedlicher Versuche, das internationale politische System theoretisch zu erfassen. Er fußt auf der realistischen Denkrichtung der Mitte des 20. Jahrhunderts, ergänzt diese jedoch um wichtige Aspekte, wie z. B. der Betrachtung wirtschaftlicher Akteure.

Zunächst gilt es, die Hauptströmungen des Neorealismus zu erkennen, wobei ich der nachfolgend kurz vorgestellten Systematik von Dieter Nohlen[2] folgen werde, da sie sich durch eine besonders klare Strukturierung auszeichnet.

Dieter Nohlen unterteilt den Neorealismus in vier Varianten, wobei die ersten beiden systemtheoretischer, die letzten beiden handlungstheoretischer Natur sind:

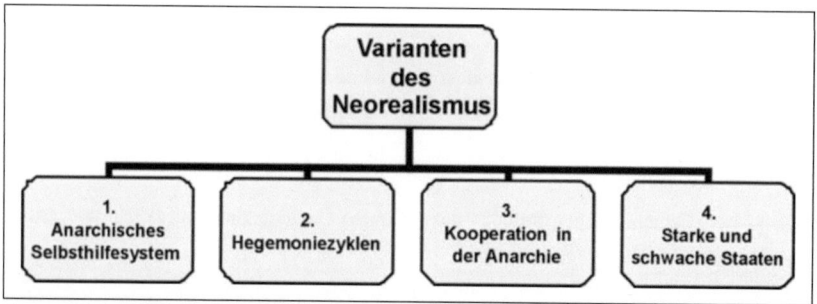

Abb. 2: Varianten des Neorealismus

Quelle: Nach Nohlen: Lexikon der Politik, Band 6

Die Variante des *anarchischen Selbsthilfesystems* basiert auf der systemorientierten Analyse, welche K.N. Waltz in seinem Buch „Theory of International Politics" entwirft. Hierbei wird davon ausgegangen, dass die Staaten – als zentrale Akteure – in ihrem Handeln mehr Gemeinsamkeiten als Unterschiede aufweisen und deshalb das internationale Staatensystem in das Zentrum der Betrachtung gerückt wird. Dabei trifft K.N. Waltz folgende Feststellungen:

1. Das internationale System ist anarchisch strukturiert, da keine Zentralgewalt vorhanden ist.

2. Diese anarchische Struktur zwingt die Staaten, nach dem Prinzip der Selbsthilfe zu verfahren, um ihr Überleben sicherzustellen.

3. Im Gegensatz zu den meisten nationalen Gesellschaften gibt es im internationalen System keine funktionale Differenzierung, wodurch die Machtverteilung unter den Akteuren die größte Bedeutung für die Erklärung der internationalen Politik besitzt.

---

2 Nohlen: Lexikon der Politik, Bd. 6, S. 313 ff.

Theoretische Einordnung

Die Variante der *Hegemoniezyklen* entstand in den 70er Jahren in der Annahme des Verfalls amerikanischer Macht. Sie geht davon aus, dass ca. alle 100 Jahre ein neuer Hegemon entsteht, welcher, neben seiner militärischen Dominanz, seine Macht auch auf eine hohe wirtschaftliche Produktivität gründet. Die Hegemonialmacht schafft sich ein ihr entsprechendes internationales System, prosperiert und verfällt schließlich auf Grund gesellschaftlicher Verkrustungsprozesse und der steigenden Kosten zur Aufrechterhaltung dieser Weltordnung.

Die *„Kooperation in der Anarchie"*-Variante geht davon aus, dass internationale Regime wie die Vereinten Nationen (VN), aber auch die OPEC und andere wirtschaftliche Organisationen eine hegemoniale Machtverteilung als Voraussetzung haben und dass in Zeiten des Umbruchs diese Regime ihre Funktionsfähigkeit einbüßen. Denn nur ein stabiles Weltsystem könne sich den „Luxus" dieser Regime leisten bzw. hätte an ihnen Interesse. Da dieser Ansatz jedoch so zentrale Themen wie die Frage nach den Akteuren oder nach der Macht vernachlässigt, wird er z. B. von Waltz als nicht neorealistisch kritisiert.

Die letzte Variante der *starken und schwachen Staaten* behandelt den doppelten Anpassungszwang, welchem staatliche Außenpolitik ausgesetzt ist. Zum einen betrachtet man staatliches Handeln auf der internationalen Ebene als Ausdruck der innenpolitischen Situation eines Landes, während man auf der anderen Seite die Position eines Staates in der internationalen Hierarchie und die Zwänge analysiert, welche Erhalt und Ausbau dieser Position auf den Staat ausüben.

Welche Gemeinsamkeiten lassen sich aus diesen Varianten erkennen?[3]

Analyseebene:

1. Systematisch: Anarchische Struktur des internationalen Systems; es strebt nach einem Machtgleichgewicht

2. Subsystemisch: (National -)Staaten, Volkswirtschaften als zentrale Akteure

3. Problemorientiert: Dominanz der Sicherheitspolitik

Modell:

Staatenwelt- oder Billardkugel-Modell

Thesen:

- Die Politik ist von objektiven Gesetzen beherrscht.
- Gute Politik" orientiert sich am Nationalinteresse eines Staates, d. h. an Machterweiterung oder zumindest Machterhaltung.
- Machtgleichgewicht führt zu bedingter Stabilität des internationalen Systems.
- Kooperationen oder Institutionen basieren auf hegemonialen Interessen.

---

3 Nach Druwe: Internationale Politik, S. 115 ff.

Diese Ende des 20. Jahrhunderts aufgestellten Gemeinsamkeiten bedürfen, meiner Ansicht nach, noch einiger Ergänzungen.

➢ Großmachtsysteme

Die anarchische Struktur des internationalen Systems bedeutet zwar, dass es keine absolute oberste Instanz gibt, doch muss man beachten, dass das System trotzdem keine chaotischen Züge aufweist. Als Gravitationszentren befinden sich in ihm die Großmächte, um welche ihre Verbündeten als Trabanten kreisen. Dabei wird in dieser Untersuchung jeder Staat als Großmacht bezeichnet, welcher in der Lage ist, eine Region zu dominieren, und „maßgeblichen Einfluss auf die internationale Politik ausüben kann"[4]. So ist es möglich, dass es zu jeder Zeit zwar eine Vielzahl von Großmächten gibt, es aber per definitionem nur eine Weltmacht geben kann; denn eine Weltmacht muss „so stark sein, dass keine örtliche Machtentwicklung, keine Ortsgeltung sie von einem wesentlichen Teil der Erde ausschließen (kann)"[5]. In diesem Sinne waren z. B. die USA zu Zeiten des Kalten Krieges keine Weltmacht, weil sie zu einer derartigen Machtausübung bis 1990/91 nicht in der Lage waren. Bei einer längerfristigen historischen Betrachtung erkennt man, dass die Stellung der USA zur Jahrtausendwende nichts Außergewöhnliches ist[6], sondern dass es zu allen Zeiten im internationalen Mächtesystem Staaten gab, welche den anderen überlegen waren und ihre Epoche dominierten; siehe Spanien im 15. Jahrhundert und besonders Großbritannien während des „langen" 19. Jahrhunderts.

Diese Großmächte, welche sich ebenfalls in einer hierarchischen Ordnung – je nach der Machtverteilung im gesamten System – befinden, stehen untereinander in verschiedenen Bündnis- bzw. Spannungsverhältnissen. Anarchie besteht nur insoweit, als die Staaten gezwungen sind, zu ihrem eigenen Schutz möglichst viel Macht (wirtschaftliche, politische und militärische) aufzubauen, um ihre Prosperität bzw. ihre Position im System zu erhalten oder zu erweitern. Das gegenwärtige Mächtesystem besitzt nun ein zentrales Gravitationszentrum in den USA, welche eine Art Doppelgestirn mit Großbritannien bilden, die wechselseitig durch ihre politischen Eliten, die Wirtschaft (besonders den Finanzsektor) und militärisch miteinander verbunden sind. Als Stützen der Macht und Subgravitationszentren befinden sich Deutschland im Osten und Japan im Westen, um welche dann eine weitere Vielzahl von Trabanten kreisen.

Zu diesem System gibt es dann aber noch, entsprechend ihrer Stärke, leicht untergeordnete Parallelentwicklungen mit den Großmächten China und Russland als eigenen Zentren, welche versuchen, zum einen die Dominanz der USA zu dämpfen und zum anderen durch das Anziehen neuer Mächte in ihr Einfluss-System die eigene Macht zu stärken.

---

4 Bertelsmann Universal Lexikon, S. 337

5 Haushofer: Weltpolitik von Heute, S. 130

6 Abgesehen von quantitativen Aspekten, wie ihrer Reichweite und ihrem großen Durchdringungsgrad des internationalen Systems.

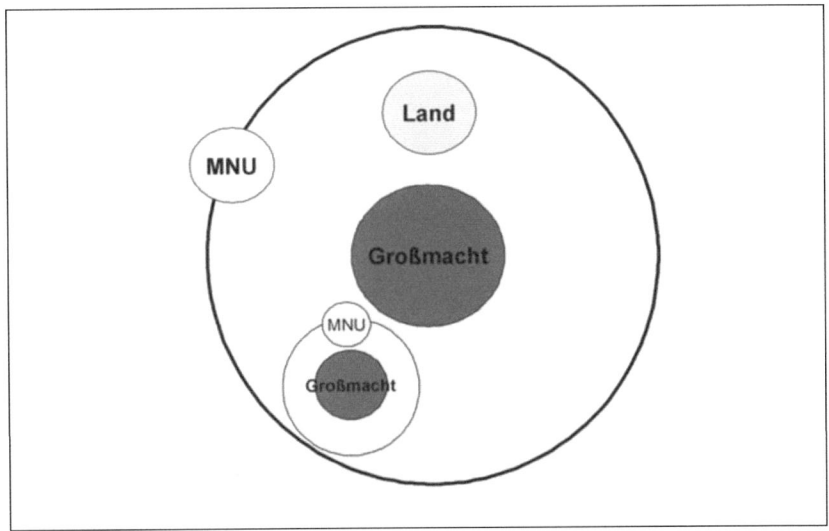

Abb. 3: Konzerne im internationalen Mächtesystem

➤ Großkonzerne und Großmächte

Neben den Staaten berücksichtigt der Neorealismus ebenfalls die Volkswirtschaften und, als deren zentrale Akteure, die Großkonzerne und Multinationalen Unternehmen (MNU). Ein Staat ist, und das galt auch für den längsten Teil der Geschichte, nur in der Lage, zu einer Großmacht oder gar Weltmacht aufzusteigen, wenn er neben dem Bereich der politischen Ideengestaltung in der Lage ist, eine leistungsfähige Wirtschaft und dadurch auch eine moderne Armee zu unterhalten. Dabei diente die Wirtschaft einerseits zum Aufbau und der Projektion militärischer und politischer Stärke, andererseits nutzte man auch das Militär, um wirtschaftliche Konkurrenten auszuschalten oder Märkte zu erschließen. Zwar ist die Anwendung militärischer Gewalt zwischen kleineren Staaten und Großmächten weiterhin präsent[7], doch ist sie unter den Großmächten selbst seit der Erfindung der Kernwaffen mit großem Risiko verbunden. Dies führte dazu, dass wirtschaftlicher Wettbewerb, die Sabotage bzw. der Versuch, fremde Ökonomien in die Abhängigkeit zu treiben, und die staatlich geförderte Wirtschaftsspionage wichtige Instrumente des internationalen politischen Ringens geworden sind. Im Zuge dieser Entwicklung gewannen große wirtschaftliche Entitäten (Großkonzerne, MNUs) zunehmend an Bedeutung, da sie eine große wirtschaftliche Schlagkraft entfalten können und prinzipiell als von staatlichen Institutionen unabhängig betrachtet werden. Diese Betrachtung hat jedoch ihre Schwächen. Zwar kann man MNUs durchaus als unabhängige Akteure ansehen und sie sind in ihrer Macht vielen Klein- und Mittelstaaten gleichwertig bzw. überlegen, doch ist

---

7 z. B. Kosovokrieg 1999, Afghanistan 2001, Irak 2003 usw.

ihr Verhältnis zu den Großmächten mehr symbiotischer Natur. So gut wie alle Konzerne haben eine nationale Wurzel und sind von ihrem Kulturkreis geprägt.[8] Eine enge Anbindung an eine Großmacht bietet den Firmen viele Vorteile, wie z. B. die Möglichkeit, auf eingeschränkte Märkte vorzustoßen oder günstige Investitionsbedingungen zu erhalten (z. B. Halliburton oder Carlay Group im Irak). So profitieren beide Seiten von einer engen gegenseitigen Anlehnung, was sich auch oftmals in einem Wechsel führender Persönlichkeiten zwischen Wirtschaft und Politik widerspiegelt.[9] Im Zuge dieser Analyse soll deshalb ein erweiterter Staatsbegriff im Sinne des Korporatismus verwendet werden, welcher eine enge personelle Interdependenz zwischen Bürokratie, Partei(en) und Wirtschaft hervorhebt, welche sich in den angelsächsischen Staaten im Laufe des 20. Jahrhunderts entwickelte[10] und welche es, wenn auch in abgewandelter Form, ebenfalls in Japan („Eisernes Dreieck") und der VR China gibt.

Am treffendsten zusammengefasst wurde das Verhältnis zwischen MNUs und Großmächten von Karl Hoffmann:[11] „In seiner Intensität wurde der Ölkampf nicht offiziell von der Regierungspolitik als solcher geführt, sondern in einem durchgängigen und teilweisen Einvernehmen mit ihr von großen Konzernen. Während sie nach eigenen Gesichtspunkten auf die Regierungspolitik Einfluss zu nehmen vermögen, können sie von dieser Politik der Weltmächte als geschmeidige Werkzeuge für staatliche und imperiale Zielstrebigkeit eingesetzt werden. Sie sind gleichzeitig Instrumente und Subjekte der Macht."

➢ „Attraktivität" von Großmächten

Möchte man die Chancen und Risiken einer Großmacht bei ihrem Werben um andere, meist schwächere Mächte (z. B. Ölförderländer) untersuchen, ist es notwendig zu erkennen, warum sich ein kleineres Land einem anderen unterordnet – abgesehen von einer direkten militärischen Unterwerfung. Hierbei stellt sich die Frage nach der Attraktivität einer Großmacht oder welche Art der Machtprojektion sie anzubieten hat. Dafür existiert eine Vielzahl verschiedener Indikatoren, doch sind es im Bereich der (Energie-)Kooperation zwischen Staaten drei Schwerpunkte, welche sich als besonders bedeutungsvoll für die Zusammenarbeit herauskristallisieren.[12]

1. *Die wirtschaftliche Attraktivität*: Ist der Warenaustausch mit der Großmacht für die Wirtschaft des Landes interessant? Erhält man Zugang zu besonderen Märkten, Technologien, Kapital usw.? Besitzt das Land Rohstoffe, Märkte oder Technologien, welche für die Großmacht interessant sind?

---

8 Angelsächsische MNUs mit ihren Zentren in Großbritannien oder den USA; europäische bzw. französische oder russische mit ihren entsprechenden Gravitationspunkten in Paris oder Moskau

9 Ein aktuelles Beispiel dafür ist der amerikanische Vizepräsident Cheney oder Henry Kissinger

10 Sutton: Wallstreet and FDR, S. 81

11 Karl Hoffmann nach: Stoye: Ölmacht-Weltmacht, S. 40

12 Nach Glassner: Political Geography, S. 313 ff.

2. *Die militärische Potenz einer Großmacht*: Ist sie eine Gefahr für den Staat oder kann sie ihm Schutz bieten? Bietet das Land gute Stützpunkte oder ist die nationale Armee ein Machtzugewinn für die Großmacht?

3. *Die weltanschauliche*[13] *Attraktivität*: Besitzt man eine ähnliche Ideologie oder sind die Kultur und die Werte einer Großmacht interessant? Betreibt sie einen Ideologieexport oder respektiert sie die inneren Angelegenheiten schwächerer Staaten?

Analysiert man das Verhältnis zwischen einer Großmacht und einem machtpolitisch untergeordneten Staat anhand dieser Kriterien, kann man weitgehend verlässliche Aussagen über die weiteren Beziehungen zwischen den beiden Staaten treffen.

Die neorealistische Theorieschule legt weiterhin Wert auf die Betrachtung der Sicherheitspolitik als zentralen Bestandteil der internationalen Beziehungen.[14] Im Zuge dieser Untersuchung wird, zur besseren Erfassung des Themas, der Blick weg vom gesamten internationalen System hin zur Sicherheitspolitik der Großmächte gewandt werden, insbesondere auf die chinesische Definition derselben und das Verhältnis Chinas zu den USA. Als der größte Ölkonsument und gleichzeitig Hegemon ist es für die USA von besonderer Bedeutung, einen stetigen und preiswerten Ölfluss sicherzustellen. Die VR China wiederum sieht die Sicherung des wirtschaftlichen Wachstums als eines ihrer primären politischen Ziele an und ist nun gezwungen, in einen bereits verteilten und nicht mehr stark wachsenden Ölmarkt vorzudringen.

1.2. Hegemonie und Machtgleichgewicht

Zur Begriffsklärung ist anzumerken, dass Hegemonie von Herrschaft (Imperium) begrifflich zu unterscheiden ist. Hegemonie wird definiert[15] als „Führungsverhältnis, bei dem ein mächtiger Staat bestimmenden Einfluss ausübt und andere Staaten (die Gefolgsstaaten) dies akzeptieren". Damit steht die Hegemonie zwischen dem Einfluss und der Herrschaft.

Über den Grund des Machtstrebens von Staaten wurde bereits weiter oben gesprochen. Die Machtverteilung indes ist ein zentrales Strukturkriterium des internationalen Systems und gibt Auskunft über die Zahl und Relation der Großmächte[16] – schon eine geringe Machtverschiebung ändert das gesamte System, z. B. von der Bipolarität hin zur Multipolarität. Dabei muss man erkennen, dass die großen Mächte nach einem Gleichgewicht oder besser Stabilität im internationalen System streben. „Dabei ist mit (…) Gleichgewicht nicht gemeint, dass die Mächte ein gleiches Gewicht haben (…), sondern dass hinreichende Gegengewichte (…) die Präponderanz einer Großmacht verhindern oder deren

---

13 oder politische Attraktivität

14 Nohlen: Lexikon der Politik, Bd. 6, S. 43 f.

15 Triepel (1938) nach Ferdowsi: Internationale Politik im 21. Jahrhundert, S. 35

16 Ferdowsi: Internationale Politik im 21. Jahrhundert, S. 34 ff.

negative Auswirkungen mindern."[17] Die Tendenz, welche sich daraus ergibt, ist, dass je stärker ein Land nach der Hegemonie strebt bzw. diese ausbaut, desto mehr „Gegengewichte" bilden sich im internationalen System und versuchen, diese Entwicklung zu behindern bzw. die Balance wieder herzustellen. In diesem Sinne könnte die Bündnispolitik Chinas auch als Reaktion auf das zunehmende Machtstreben der USA gedeutet werden, welchem das internationale System mit der Schaffung einer neuen Multipolarität zu begegnen versucht.

Die Stärke dieser Gegenbewegung hängt gemeinhin von dem Verhalten der Hegemonialmacht ab. So lange die Hegemonialmacht durch eine kooperative Gleichgewichtspolitik bemüht ist, ihre Position zu wahren, lassen sich die anderen Großmächte oftmals in dieses System einbinden und versuchen, eine Konfrontation zu vermeiden. Strebt der Hegemon jedoch nach globaler Vorherrschaft, ist zu erwarten, dass die Gleichgewichtspolitik antagonistische Züge[18] annimmt. Das unilaterale Vorgehen der USA im Laufe ihres „Feldzugs gegen den Terror" hätte eine derartige Entwicklung vermuten lassen, doch muss man hier zwischen geoökonomischen und geopolitischen Interessen unterscheiden. Während ein sehr starker Interessensgegensatz im politischen Bereich besteht, profitieren zurzeit noch alle Großmächte von den zwischen ihnen bestehenden Handelsabkommen. Nur in den Bereichen des Marktzugangs bzw. des Exports bestehen Differenzen z. B. zwischen den USA und der VR China, welche jedoch durch die Unterstützung Chinas in Fragen der US-Verschuldung zum größten Teil ausgeglichen werden.[19]

Besonders gefährlich sind diejenigen Differenzen, bei welchen sich geopolitische und geoökonomische Spannungsfelder überlagern; was besonders eklatant im Bereich der Ölbeschaffung der Fall ist, da der Zugang zu den Ölfeldern und der Zugang zu den ölexportierenden Staaten meist ein und dasselbe sind. Hier stellt sich die Frage, inwieweit die USA bereit sind, China in die von ihr kontrollierten Gebiete vorzulassen, oder genauer: die Frage nach dem Verhältnis der Mächte des Wandels zu denen des Beharrens.

1.3. Die „Mächte des Wandels und des Beharrens"[20]

Neben dem Streben nach Macht bzw. Selbsterhaltung, welches allen Großmächten gemeinsam ist, gibt es noch eine von K. Haushofer entwickelte Kategorisierung, welche in Bezug auf die Prognose weltpolitischer Spannungsfelder und zukünftiger Mächtegruppierungen von großer Bedeutung ist.

Grundsätzlich muss man sich darüber im Klaren sein, dass das internationale System einem ständigen Wandel unterworfen ist. Die Dynamik zwingt alle bestehenden Mächte

---

17 Ferdowsi: Internationale Politik im 21. Jahrhundert, S. 34

18 Wie z. B. die USA und die UdSSR zur Zeit des „Kalten Krieges"

19 Durch den Aufkauf großer Dollarbestände und US-Staatsanleihen stützt die VR die expansive amerikanische Geldpolitik.

20 Haushofer: Weltpolitik von heute, S. 56 ff.; dort als „Mächte der Erneuerung und des Beharrens".

und Wirtschaftsordnungen, sich beständig zu verändern, aufzusteigen oder unterzugehen. Viele Menschen verfallen dem Fehler, beim Blick auf eine Weltkarte die in ihr gezogenen Grenzen als endgültig zu betrachten, während diese Karte kaum mehr als eine Momentaufnahme ist. Hat man die Machtverteilung (Statik) im politischen Raum betrachtet und auch die Kräfte, welche sie verändern – das Handeln der Staaten wird dabei neben der Art ihres Machtstrebens vor allem auch von der demographischen und wirtschaftlichen Entwicklung ihres Landes bestimmt –, lassen sich die Großmächte in drei große Kategorien einteilen:

1. *Mächte des Wandels*: Sie zeichnen sich dadurch aus, dass sie in der Vergangenheit machtpolitisch an Bedeutung verloren hatten (bzw. gar keine besaßen) oder Landesteile und Einflussregionen an andere Mächte abtreten mussten. Durch politische, demographische oder wirtschaftliche Entwicklungen sind sie jedoch wieder im Aufsteigen begriffen und versuchen nun, verlorene Macht zurück- oder neue hinzuzugewinnen. Außerdem unterscheiden sie sich in ihren grundsätzlichen weltanschaulichen Betrachtungen und Ansichten von den bestehenden Mächten und Werten. Das beste Beispiel hierfür ist gegenwärtig die VR China, aber auch Indien und die islamischen Erneuerungsbewegungen in verschiedenen Staaten.

2. *Mächte des Beharrens*: In diese Kategorie fallen besonders Staaten, welche vom gegenwärtigen weltpolitischen System sehr profitieren bzw. solche, die es geschaffen haben. Sie befinden sich meist in einer Phase ideengeschichtlicher Stagnation oder es fällt ihnen schwer, Macht abzugeben. Ihr Ziel ist es, ihre bestehende Vormachtstellung zu erhalten und die Machtentfaltung möglicher Konkurrenten zu behindern. In diese Kategorie würden besonders die USA, aber auch Großbritannien fallen.

3. *Was zwischen den Gezeiten treibt*: Hierunter werden diejenigen Mächte verstanden, welche einem Wandel des weltpolitischen Systems unentschlossen gegenüberstehen. Sie nehmen eine Mittelstellung ein und tendieren einmal zur einen, einmal zur anderen Seite, bis sie der Lauf der Weltgeschichte auf eine Seite zwingt. Die Mächte in diesem Feld sind etwa die EU (genauer: Deutschland und Frankreich) sowie Russland und Japan.

Wendet man diese Klassifikation an, so erkennt man eine mögliche Frontlinie, welche aufgrund der Interessenkonflikte zwischen den Mächten des Wandels und denen des Beharrens verläuft. Dabei darf man nicht annehmen, dass eine derartige Konstellation unbedingt die Art eines bewaffneten Konflikts annehmen muss – auch wenn derartige Differenzen sich oftmals in „Stellvertreterkriegen" niederschlagen. Vielmehr ist es zunehmend ein wirtschaftlicher Wettbewerb, welcher von der Politik gefördert wird.[21]

Dabei ist jedoch die Tendenz, welche sich aus einer längerfristigen historischen Betrachtung ergibt, diejenige, dass die Mächte des Beharrens durch eine Bündnispolitik sowie

---

21 Sehr langfristig betrachtet kommt noch das Moment demographische Entwicklung und das Phänomen der internationalen Wanderungen hinzu.

durch das Pochen auf bestehende Verträge[22] eine Kräfteverschiebung im System zu verhindern trachten. Dies kann sowohl durch Einbindung als auch Eindämmung der neu aufsteigenden Staaten geschehen. Die Geschichte hat aber gezeigt, dass Länder, welche versuchten, das Bestehende zu bewahren, und dabei nicht wandlungsfähig genug waren, immer scheiterten.

1.4. Die Grenzen des wirtschaftlichen Wachstums

Als großen Rahmen bei der Beurteilung des wachsenden chinesischen Ölbedarfs und seiner Auswirkung auf die Außenwirtschafts- und Geopolitik Chinas möchte ich noch auf die Theorie der Grenzen des wirtschaftlichen Wachstums[23] eingehen. Es ist hier nicht der Platz, um ausführlich auf die vieldiskutierten malthusianischen Theorien des „Club of Rome" einzugehen[24], welche sich vor allem auf die begrenzten natürlichen Ressourcen sowie die wachsende Weltbevölkerung konzentrieren. Deshalb werde ich die Aspekte behandeln, die bei der Beurteilung der VR China besonders relevant sind.

Prinzipiell ist davon auszugehen, dass Öl kein ubiquitär verfügbarer Rohstoff ist und dass dessen Vorräte begrenzt sind. Somit wäre langfristig damit zu rechnen, dass der Wettbewerb um den Ressourcenzugang an Intensität zunimmt bzw. dass das auf Öl gebaute Wachstum der Wirtschaft zeitlich begrenzt ist und mit dem Rückgang der Ölproduktion auch ein Rückgang des Wirtschaftswachstums zu erwarten ist – was langfristig betrachtet sogar bei steigender Energieeffizienz der Fall[25] sein dürfte.

Ergänzend zu dieser Sichtweise gibt es auch noch den Ansatz, welcher besagt, dass seit Ende der 80er Jahre in den westlichen Industrienationen kein extensives Wirtschaftswachstum[26] mehr stattgefunden hat, da der Konsum stagnierte bzw. die Märkte gesättigt waren. Es konnte nur noch durch die überproportionale Steigerung der Aktien- und Kapitalmärkte „Wachstum" erzeugt werden.[27] Dies hatte zur Folge, dass der Wettbewerb in den „alten" Märkten zu einem Verdrängungswettbewerb wurde. Erst durch die Erschließung Chinas für die Weltwirtschaft wurde dieses Problem vorübergehend gelöst. China ist einer der wenigen Märkte, auf welchem noch ein extensives Wirtschaftswachstum möglich ist – das Wissen um diese Tatsache gibt der VR China eine sehr gute Verhandlungsposition in internationalen Gremien, wie z. B. der WTO. Doch findet ebenfalls eine

---

22 Welche zu einer Zeit abgeschlossen wurden, als diese Mächte alleinbestimmend waren, z. B. die USA nach dem 2. Weltkrieg.

23 Wachstum wird hier als „eine Veränderung der Produktion an Gütern und Dienstleistungen eines Jahres im Vergleich zum Vorjahr" verstanden; nach Neubäumer, R./Hewel, B., VWL: Grundlagen der VWL und VWL-Polit., 2001, S. 413 definiert.

24 Meadows: The Limits of Growth, http://www.clubofrome.org/archive/reports.php, gesehen am 23.05.2005

25 Lexikon Freenet: Die Grenzen des Wachstums, http://lexikon.freenet.de/Grenzen_des_Wachstums, gesehen am 23.05.2005

26 Die westliche Wirtschaft ist jedoch auf ein stetiges Wirtschaftswachstum angewiesen.

27 Sieren: Der China Code, S. 34

starke Verlagerung von Produktionskapazitäten aus den Industrieländern nach China statt, sodass viele Länder schon eine „Aushöhlung" ihrer Industrie befürchten. Dies würde dann jedoch ein schwächeres Wachstum des Importbedarfs an Rohöl in den westlichen Ländern zur Folge haben und den Wettlauf um die Rohstoffe mit China mildern.

2. Die Entwicklung des chinesischen Energiesektors und aktuelle Herausforderungen

„STRONG ECONOMIC GROWTH
ACROSS THE GLOBE AND NEW
GLOBAL DEMANDS FOR ENERGY
HAVE MEANT THE END OF
SUSTAINED SURPLUS CAPACITY IN
HYDROCARBON FUELS AND THE
BEGINNING OF CAPACITY
LIMITATIONS.“

James A. Baker (2001)

Bevor die geostrategischen Zwänge analysiert werden können, welche durch den zunehmenden Energiebedarf der VR China auferlegt werden, ist es notwendig, zunächst die Bedeutung des Öls für den chinesischen Energiesektor zu bewerten und es dann in einen Kontext mit den anderen verfügbaren Energieträgern zu setzen.

2.1. Historische Entwicklung der Ölproduktion: Vom Exporteur zum Importeur

Energieträger auf Kohlenwasserstoffbasis (Erdöl und Erdgas) sind für eine moderne Zivilisation, einen modernen Staat, unentbehrliche Grundlagen seiner Macht und seines Wohlstandes. Im Jahr 1999 wurden Schätzungen zufolge 95 Prozent des gesamten weltweiten Transportaufkommens durch Öl angetrieben.[28] Für die Petrochemie, die Herstellung von Kunststoffen oder auch für die Landwirtschaft (sowohl als Antriebsmittel für die Maschinen als auch zur Herstellung von Kunstdünger) ist es – bisher – durch nichts zu ersetzen.

China war bis 1949 in seiner Ölversorgung fast ausschließlich auf Importe angewiesen. Der Beginn der nationalen Ölförderung vollzog sich weitgehend parallel zur Entwicklung der Volksrepublik während der zweiten Hälfte des 20. Jahrhunderts. In dem Jahr, in welchem Mao Zedong die Volksrepublik ausrief, förderte diese nur 0,88 Millionen Tonnen Rohöl pro Jahr[29], doch setzte mit der Machtergreifung der Kommunisten neben dem Aufbau der Schwerindustrie eine verstärkte Suche nach Ölquellen ein, welche im Besonderen auch von dem Autarkiestreben der neuen Regierung getrieben wurde. Während der 60er und 70er Jahre wurden vor allem im Nordosten Chinas eine Vielzahl neuer und ergiebiger Quellen gefunden, was zu einem sprunghaften Anstieg der Ölversorgung führte und dazu, dass China seit etwa 1965 nicht mehr auf Importe angewiesen war.[30]

---

28 Ducan: The Peak of World Oil Production and the Road to Olduvai Gorge, www.hubbertpeak.com/Ducan/olduvai2000.htm, gesehen am 05.08.2005

29 Coordinating Committee for Geoscience Programmes in East and Southeast Asia: China – Exploration/Development History, http://www.ccop.or.th/epf/china/china_explor.html, gesehen am 27.05.2005

30 CIA Worldfactbook 2005, http://www.cia.gov/cia/publications/factbook/, gesehen am 30.07.2005

1973 exportierte China zum ersten Mal etwa eine Million Tonnen Rohöl nach Japan, wobei die kontinuierlich steigenden Exporte ihren Höhepunkt mit 20 Millionen Tonnen 1985 erreichten.[31] Daraufhin sind die Exporte aber wegen des erhöhten Eigenbedarfs, welcher durch das Wirtschaftswachstum hervorgerufen wurde, wieder gesunken.

Verantwortlich für diesen raschen Anstieg der Fördermenge waren vor allem die Felder von Shengli, Liaohe und besonders Daqing, wobei Daqing bis heute das größte und ertragreichste geblieben ist.[32] Im Jahr 1978 übertraf die nationale Produktion die Marke von 780 Millionen bbl/Jahr[33], womit China zu einem der größten Ölproduzenten der Welt wurde. Der Nachfolger Maos, Hua Guofeng, hoffte, unter anderem durch die Einkünfte aus den Ölexporten sein ambitioniertes Industrialisierungsprogramm „Sprung nach Westen" zu finanzieren.

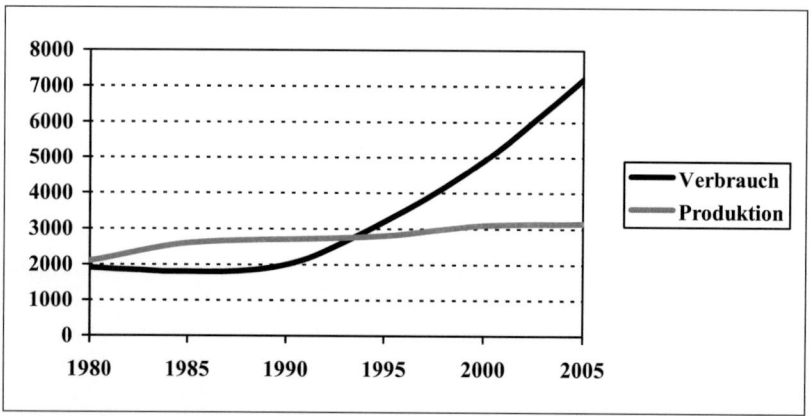

Abb. 4: Chinas Ölproduktion und Verbrauch 1980–2005 (in 1000 bbl/Tag)

Quelle: EIA: China Country Analysis Brief, http://www.eia.doe.gov/emeu/cabs/china.html, eigene Darstellung

Anfang der 80er Jahre brach die Förderung jedoch ein, da eine Produktionssteigerung in den bestehenden Feldern nicht mehr möglich war und neue erst langsam erschlossen wurden. Das Schlüsseljahr für die chinesische Ölindustrie ist allerdings 1993, in welchem der Verbrauch von raffinierten Ölprodukten erstmalig die heimische Produktion übertraf.[34] Seitdem ist es trotz leichter Produktionssteigerungen nicht mehr gelungen, den

---

31 CIA Worldfactbook 2005, http://www.cia.gov/cia/publications/factbook/, gesehen am 30.07.2005

32 Daqing wurde im Jahr 1960 eröffnet und liefert heute (2005) noch 30 % der gesamten chinesischen Fördermenge

33 Coordinating Committee for Geoscience Programmes in East and Southeast Asia: China – Exploration/Development History, http://www.ccop.or.th/epf/china/china_explor.html, gesehen am 27.05.2005

34 Seit 1996 ist China auch ein Netto Importeur an Rohöl geworden. Zhu: The Structure of China's Oil Market and Future Development, http://www.usea.org/Onsite%20Powerpoints%20-%20LORI%20only/Zhu%20Yu%20English.pdf, gesehen am 19.08.2005

eigenen Ölbedarf zu decken. China ist aber immer noch der siebtgrößte Ölproduzent der Welt (2003) mit bestätigten Reserven von 18 Milliarden Barrel (Platz 18 weltweit im Jahr 2005).[35]

Geographisch liegen die Schwerpunkte der Ölförderung in drei Großregionen:

- Nordosten und Osten mit Daqing, Liaohe, Shengli sowie dem Bohaiwan Bassin
- Westen, besonders Xinjiang
- Küstenvorfeld, vor allem im Osten und in der Südchinesischen See

Abb. 5: Ölvorkommen in der VR China

Quelle: CIA World – Factbook 2005. Eigene Darstellung nach Angaben aus IEA: China's Worldwide Quest for Energy Security , Paris, OECD/IEA 2000

---

35 CIA Worldfactbook 2005, http://www.cia.gov/cia/publications/factbook/, gesehen am 30.07.2005

Dabei ist auffällig, dass sich die Ölvorkommen weit von den Industriezentren entfernt und oftmals in schwer zugänglichen Gebieten befinden; so ist die Gewinnung von Öl im Meer mit einem hohen technologischen Aufwand verbunden, den zur Zeit nur ausländische Firmen bereitstellen können. Die weite Entfernung zu den Konsumorten sorgt ebenfalls für relativ hohe Preise und den Zwang, für ausreichende Transportkapazitäten zu sorgen, was chinesisches Öl im internationalen Vergleich teuer macht.[36] So schwanken die Förderkosten von 5 USD/bbl im Osten bis zu 13 USD/bbl im Tarim-Bassin[37], womit sie (im Jahr 2000) noch um ca. 50 % teurer waren als der Weltmarktpreis. Im Jahr 2004 war die Lücke bereits auf ca. 20–25 % geschmolzen, und sollte der internationale Rohölpreis noch weiter steigen, stiege damit auch die Rentabilität der Quellen.[38]

Neue Ölfelder befinden sich insbesondere in den Becken Mittel- und Westchinas und im Küstenvorfeld. Allerdings sind die bisherigen Funde im Tarimbecken hinter den Erwartungen zurückgeblieben, da es sich nicht um große, leicht zu erschließende Felder handelt, sondern um relativ kleine Kammern, welche zudem aufgrund der Ungunst der klimatischen Bedingungen nur mit großem finanziellen und technischen Aufwand nutzbar gemacht werden können.[39]

Enttäuscht wurde China auch von den bescheidenen Kapazitäten und der Ergiebigkeit der neuen Quellen im Küstenvorfeld. Während man Anfang der 90er Jahre damit rechnete, dass die unterseeischen Vorräte denen auf dem Festland entsprächen, stellte es sich nach einer Vielzahl von Probebohrungen heraus, dass es wohl kaum mehr als 30 % derselben sind. Auch scheinen die Vorräte unter den umstrittenen Spratley-Inseln viel geringer zu sein als bisher erwartet.[40]

Die niedrige Fördermenge und die stark wachsende Wirtschaft zwingen China zunehmend, seinen Bedarf auf den internationalen Energiemärkten zu decken, was zu einer steigenden Energieabhängigkeit geführt hat. Nachdem 1997 zum ersten Mal größere Mengen an Rohöl importiert werden mussten, versuchte die chinesische Regierung dieser Entwicklung durch eine Erhöhung der Fördermengen zu begegnen. Das gelang 1998 aufgrund einer leichten Entspannung wegen der Asienkrise kurzfristig, doch stiegen danach die Importe wieder an. Schließlich erreichten sie ca. 120 Mio. Tonnen im Jahr 2004, was

---

36 Im nationalen Kontext spielt das bisher keine Rolle, da die Preise für Rohöl und die meisten Ölprodukte noch staatlichen Vorgaben unterliegen.

37 Ohne Transport- und Erschließungskosten, nach: Andrews-Speed: The strategic implications of China's Energy needs, S.28

38 Wobei die Rentabilität allein schon durch den Einsatz modernerer Techniken und dem Ausbau der Infrastruktur steigt.

39 IEA: China's Worldwide Quest for Energy Security, S. 24

40 Global Security: South China Sea Oil and Natural Gas, http://www.globalsecurity.org/military/world/war/spratly-oil.htm, gesehen am 13.08.2005

bedeutet, dass China ca. 36 %[41] seines Erdölbedarfs durch Importe decken musste, womit das Land der zweitgrößte Importeur nach den USA geworden war.

Der Anteil des Öls am Gesamtenergieverbrauch beläuft sich gegenwärtig auf etwa ein Viertel, das zum größten Teil von der Industrie beansprucht wird. Der Ölanteil ist jedoch – vor allem aufgrund der wachsenden Motorisierung (welche in China zurzeit ca. 35 % des Öls verbraucht) – im Wachsen begriffen und die Entwicklungsprognosen sind eng mit denen des Kraftfahrzeugmarktes verbunden. Die Schätzungen schwanken sehr stark, je nachdem von welcher Institution sie durchgeführt wurden, aber selbst vorsichtige Hochrechnungen der chinesischen Regierung gehen von ca. 120 Mio. Autos im Jahr 2020 aus, was selbst bei einer steigenden Energieeffizienz in etwa einer Verdopplung des bisherigen Ölverbrauchs entspräche.[42]

Dies macht Chinas Wirtschaftswachstum und politische Stabilität zunehmend abhängig von externen Einflüssen, wie z. B. Preisschwankungen oder Versorgungsprobleme durch Krisen und Konflikte.

2.2. Öl als Teil der chinesischen Energieversorgung

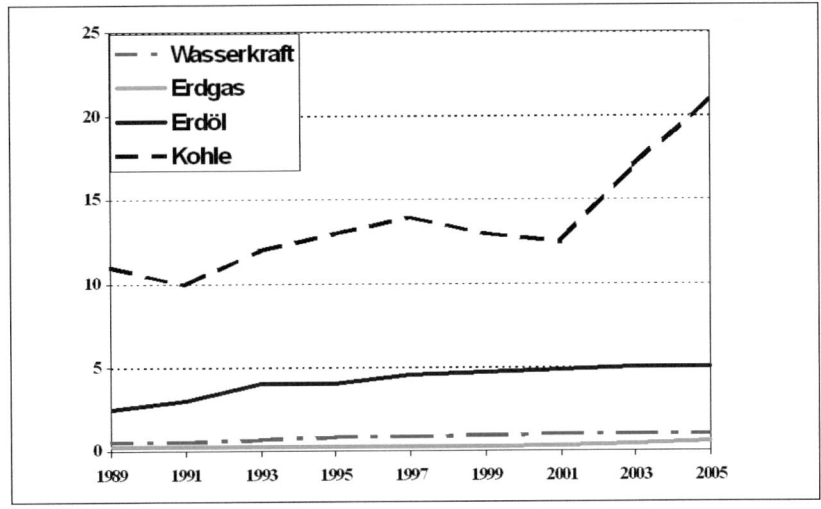

Abb. 6: Chinas Energieverbrauch 1989–2005 (in Millionen bbl/day)

Quelle: Erstellt nach Dorian: Growing Chinese Energy Demand
(http://www.csis.org/energy/050323_ChinaEnergyDorian.pdf)

---

41 Jiang: China's Quest for Energy Security, http://www.jamestown.org/news_details.php?news_id=74, gesehen am 02.09.2005

42 Wu: Energy and Economic developments in China, http://www.iea.org/Textbase/work/2005/oil_ demand/Oilintransportwkshp/pdffiles-day2/dongquan.pdf, gesehen am 19.08.2005

Der chinesische Energieverbrauch ist 2003 und 2004 um durchschnittlich 15 % pro Jahr gestiegen.[43] Vor dem Erdöl ist dabei die Kohle der bedeutendste Energieträger Chinas. Noch heute (2005) werden zwei Drittel des gesamten Energiebedarfs durch sie gedeckt. Kohle hat den Vorteil, dass sie in großen Mengen vorhanden sowie leicht und kostengünstig zu fördern ist, und so wird der Großteil der Elektrizitätsversorgung durch Kohlekraftwerke gedeckt.[44] Neben der Kohle fördert die Regierung zunehmend die Nutzung leicht verfügbarer oder umweltschonenderer Energiequellen, von welchen Erdgas, Hydroenergie und Kernenergie die bedeutendsten sind.

➢ Kohle

Kohle war und ist der bedeutendste Energieträger Chinas. Das Land besitzt bestätigte und leicht abbaubare Kohlereserven von 126 Mrd. Short tons (1 St = 907 kg)[45], dies sind 26 Prozent der weltweiten Vorräte. Die vermuteten Reserven belaufen sich auf vier Billionen St, und Kohlelager befinden sich in über fünf Prozent des chinesischen Territoriums, vor allem im Norden und Osten. Die meisten Minen liegen abseits der Ballungszentren und werden oft mit sehr primitiver Technik betrieben. 2001 hat die Regierung einen großen Restrukturierungsplan verkündet: Viele unrentable und gefährliche Mienen sollen geschlossen werden (was oft von lokalen Körperschaften hintertrieben wird), und die zahllosen kleinen Mienen sollen in sieben Konglomerate zusammengefasst werden, je nach ihrer geographischen Lage. Gleichzeitig wurden im Zehnten Fünfjahresplan die Rahmenbedingungen für die Schaffung von ein bis zwei Firmen mit 100 Mio. Tonnen und fünf bis sechs mit einer Kapazität von über 50 Mio. Tonnen gesetzt. Dies soll den Sektor interessant für Investoren machen. Man hofft, durch ausländische Geldgeber die Betriebe und das veraltete Transportwesen zu modernisieren, welches schon des Öfteren Versorgungsprobleme verursachte.

China produziert ca. 28 Prozent der Weltjahresproduktion an Kohle, wobei es auch für 26 Prozent des jährlichen Verbrauchs verantwortlich ist. Die Differenz (= 1,5 Mrd. St) wird exportiert. Zwei Drittel des chinesischen Energieverbrauchs werden durch Kohle gedeckt, das entspricht unter anderem 70 bis 80 Prozent der Stromerzeugung, 75 Prozent des industriellen und 80 Prozent des privaten Energieverbrauchs. Obwohl davon ausgegangen wird, dass der Kohleanteil an der Energieproduktion in Zukunft sinken wird, da die Regierung umweltschonenderen Techniken den Vorzug geben möchte, rechnet man in den nächsten fünf Jahren mit einem jährlichen Produktionswachstum von 20 Mio. St.

---

43 ebenda

44 Im Norden Chinas wird durch sie die Fernwärmeversorgung der Städte gewährleistet

45 Siehe: EIA: China Country Analysis Brief 2004, www.eia.doe.gov/emeu/cabs/china.html, gesehen am 31.5.2005

> **Erdgas**

Erdgas hat bisher nur einen relativ kleinen Anteil von ca. drei Prozent (2004)[46] an der chinesischen Energieerzeugung, trotz der gewaltigen Reserven von ca. 53,3 Billionen Kubikfuß. Bis in die 90er Jahre hinein wurde Gas vor allem in Düngemittelfabriken und nur in geringem Maße für die Stromerzeugung genutzt. Die zunehmende Energieknappheit Chinas, aber auch die hohen Schadstoffausstöße der Kohlekraftwerke haben hier ein Umdenken bewirkt. China plant nun, seine Gasproduktion bis zum Jahr 2010 zu vervierfachen und einen großen Anteil seiner Elektrizitätsproduktion darauf umzustellen.[47]

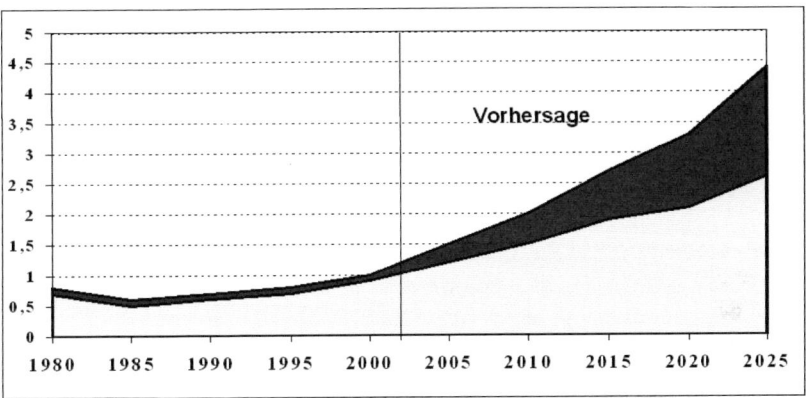

Abb. 7: Chinas Erdgasbedarf bis 2025 (In Millionen bbl/day)

Aus: Eigene Darstellung nach EIA: China Country Analysis Brief
(www.eia.doe.gov/emeu/cabs/china.html)

Die größten Vorkommen befinden sich entlang der chinesischen Küsten, im Ordos-Bassin, der Inneren Mongolei und Xinjiang.[48] Bisher wurde das Gas meist nur nahe seines Produktionsstandortes genutzt, so z. B. entlang der Küsten in Hainan, Hongkong, Shanghai oder Tianjin. Doch durch den Aufbau eines weitläufigen Pipelinenetzes soll jetzt ein größerer Teil des gesamten Landes für die Gasversorgung erschlossen werden. Das herausragendste Projekt hierbei ist die Ost-West-Gaspipeline, welche Xinjiang und das Ordos-Bassin mit den Industriezentren Ostchinas verbinden soll und welche dieses Jahr (2005) fertig gestellt werden soll.

Der Vorteil von Erdgas gegenüber Erdöl ist, dass es China die Möglichkeit gibt, seine Produktion noch sehr viel weiter zu steigern und somit eine mittel- und langfristige Ver-

---

46 Siehe: EIA: China Country Analysis Brief 2004, www.eia.doe.gov/emeu/cabs/china.html, gesehen am 31.5.2005

47 Siehe: EIA: China Country Analysis Brief 2004, www.eia.doe.gov/emeu/cabs/china.html, gesehen am 31.5.2005

48 Die Ölfelder im Nordosten Chinas produzieren ca. 17 Prozent des Gases.

sorgungssicherheit zu gewährleisten. Zusätzlich kann Gas relativ preiswert und grenznah aus Russland und den Staaten Zentralasiens bezogen werden.

➢ Wasserkraft

China hat eine Vielzahl gewaltiger Ströme, welche oftmals große Höhenunterschiede überwinden müssen. Zu ihren bedeutendsten zählt der Songhua im Nordosten, welcher in den Amur mündet, der Yangtse und der Gelbe Fluss im Zentrum sowie der Bhramaputra, der Perlfluss und der Mekong im Süden des Landes. Neben diesen Flüssen gibt es noch ca. 1500 weitere mit einem jeweiligen Einzugsgebiet von mehr als 100 Quadratkilometern. Damit hat China die bedeutendsten hydroelektrischen Reserven der ganzen Welt, welche das amerikanische DOE auf 300.000 MW schätzt.[49] 2001 wurden davon gerade einmal 79.000 MW genutzt, jedoch will die chinesische Regierung bis Ende des Jahres 2005 die Stromerzeugung auf 100.000 MW steigern.

Seit der zweiten Hälfte der 80er Jahre betreibt die VR einen verstärkten Ausbau ihrer Staudammkapazitäten, wobei der größte bisher der Ertan-Damm (Leistung 3.300 MW) an einem Nebenfluss des Yangtse war. 2009 soll schließlich der Drei-Schluchten-Damm voll einsatzbereit sein und eine Leistung von 18.000 MW erbringen. Bereits jetzt wird an einem noch größeren Projekt gearbeitet, das den Jinshajiang-Nebenfluss des Yangtse stauen und die doppelte Leistung des Drei-Schluchten-Dammes besitzen soll.

Daneben sind mehr als 20 Projekte mit einer Leistung von mehr als 500 MW in der Planung bzw. befinden sich in Bau.

Ergänzend zu diesem gewaltigen hydroelektrischen Aufbauplan betreibt China noch ein gigantisches Kanalbauprojekt, welches Wasser aus dem Süden des Landes in die Mangelgebiete im Norden leiten soll. Es sind drei Kanäle geplant, welche im Osten, dem Zentrum und dem Westen Chinas in nord-südlicher Richtung verlaufen werden und welche noch einmal zusätzliche Gelegenheiten bieten, durch integrierte Staustufen zur Stromgewinnung beizutragen. Die erste Bauphase begann im Dezember 2002 und man rechnet bei der auf mehrere Jahrzehnte veranschlagten Bauzeit mit Kosten von 100 Mrd. USD.

Trotz dieser gewaltigen Programme ist bei dem geringen Anteil, welchen die Hydroenergie zum Gesamthaushalt beiträgt, nicht mit einer tiefgreifenden Entlastung des Bedarfs zu rechnen. Zudem werden die Staudammprojekte international kritisch gesehen: Inwieweit die umweltschonendere Stromerzeugung aufgehoben wird durch die großen Umweltveränderungen, die die Bauprojekte nach sich ziehen, wird die Zukunft zeigen.

---

49 Siehe: EIA: China Country Analysis Brief 2004, www.eia.doe.gov/emeu/cabs/china.html, gesehen am 31.5.2005

➢ Kernkraft

Die Kernenergie ist eine der jüngsten Energiequellen, welche in China erschlossen wurde. Ihre Nutzung begann im Jahr 1991 mit der Fertigstellung des Atomkraftwerks Qinshan nahe Shanghai. Die VR China steht der Nutzung von Atomenergie relativ unvoreingenommen gegenüber, sie wird als sicher, kostengünstig und umweltschonend empfunden, so dass ihr Ausbau im Neunten und Zehnten Fünfjahresplan weiter forciert wurde. Gegenwärtig werden folgende Anlagen genutzt bzw. befinden sich in Bau:[50]

	Provinz	Leistung	Genutzte Technologie	Verwendungsort
fertiggestellt	**Guangdong**			
	Daya Bay (1994)	2 x 984 MW	Frankreich	Sonderwirtschaftszone Guangdong
	Ling Ao (2002)	2 x 984 MW		
	Zhejiang			
		1 x 300 MW		
	Qinshan (1994)	2 x 600 MW	Zuerst China, dann Kanada	Großraum Shanghai
		2 x 700 MW		
		2 x 1000 MW		
In Bau	**Jiangsu**			
	Tianwan (2007)	2 x 1000 MW	Russland	Jiangsu, Henan

Tab. 1: Chinesische Atomkraftwerke

Quelle: Erstellt nach Daten der World Nuclear Association: Nuclear Power in China 2004

Neben diesen Werken und Projekten plant China in den nächsten beiden Jahrzehnten noch 30 weitere, welche dazu beitragen sollen, die Energieabhängigkeit Chinas so gering wie möglich zu halten. Tatsächlich jedoch trägt die Kernenergie, trotz einer Produktionssteigerung um 266 Prozent seit 2001, erst ca. zwei Prozent zur gesamten nationalen Energieversorgung bei.[51] Dieser Anteil wird sich, ähnlich der Hydroenergie, bei dem starken Wachstums Chinas sich nur langsam steigern lassen.

---

50 World Nuclear Association: Nuclear Power in China, http://www.world-nuclear.org/info/inf63.htm, gesehen am 10.06.2005

51 United States Department of Energy: An Energy Overview of the People's Republic of China, http://www.fossil.energy.gov/international/EastAsia_and_Oceania/chinover.html, gesehen am 16.02.2005

2.3. Die wichtigsten Akteure und die Struktur des chinesischen Erdölmarktes

Bevor auf die Ressourcensicherungspolitik Chinas detailliert eingegangen werden kann, muss festgestellt werden, welche Akteure für diese Politik verantwortlich sind und wie diese strukturell miteinander verbunden sind.

Dabei muss man sich im Klaren sein, dass die Erdölindustrie in China als eine Schlüsselindustrie betrachtet wird, und so befinden sich, trotz kleinerer ausländischer Beteiligung, alle großen Ölkonzerne, Felder und die Infrastruktur in staatlicher Hand.[52]

Als Hauptakteure lassen sich folgende Institutionen feststellen:[53]

1. Die höchsten Führungsgremien des Staates und der Partei; d. h. der Ständige Ausschuss des Politbüros und das Innere Kabinett des Staatsrates

2. Die Streitkräfte

3. Die Ölkonzerne und staatliche Regulierungsbehörden

Der Vollständigkeit halber ließen sich noch die Provinzregierungen anführen, welche jedoch auf der internationalen Ebene keine entscheidende Rolle spielen.

Die entscheidenden, richtungsweisenden Rahmenbedingungen werden durch die oberste Partei und Staatsführung getroffen. Dabei handeln diese Institutionen, die unter dem Druck einer zunehmend schwerer und teurer werdenden Versorgungslage stehen und an einen starken Staat glauben, zunehmend nach strategischen, weniger nach marktorientierten Gesichtspunkten, um den Bedarf Chinas sicherzustellen.

Die Rolle, welche die chinesischen Streitkräfte (PLA) im Bereich der Energiesicherungspolitik spielen, ist dabei noch relativ gering, da die nationalen Reserven zur Deckung jedweder Kriegsszenarien ausreichend sind. Sie traten allerdings in einzelnen Fällen, wenn sich die Fragen der Energieversorgung mit denen der nationalen Sicherheit überlappten, als Akteur auf; wie z. B. 1992, als die PLA gegen den Rat des Außenministeriums darauf bestand, dass die Diaoyu/Senkaku-Inseln ausdrücklich als Teil des chinesischen Hoheitsgebietes bezeichnet werden[54]. Es ist jedoch wahrscheinlich, dass in diesem Fall die Frage der nationalen Souveränität den Ausschlag für das Eingreifen der PLA gab. Die Streitkräfte werden sich, aller Voraussicht nach, auch weiterhin den von der politischen Führung entwickelten und durch wirtschaftliche Entwicklung vorgegebenen Strategien unterordnen.

Neben diesen rein staatlichen Institutionen haben sich im Laufe der Zeit die Ölkonzerne zu eigenen Akteuren entwickelt. Um deren Stellung besser zu verstehen, muss man die Entwicklung des chinesischen Erdölmarktes betrachten, welche mit dem Reformprozess Ende der 70er Jahre begann und unter dem Motto stand: „Nach den Steinen tastend den

---

52 Cole: Oil for the Lamps of China, S. 15

53 Nach: Andrews-Speed: The strategic implications of China's Energy needs, S. 46

54 Andrews-Speed: The strategic implications of China's Energy needs, S. 49

Fluss überqueren". Das heißt, sie war von einem Wechselspiel zwischen einem freieren Markt und stärkerer staatlicher Kontrolle geprägt. Bis 1993 war China überzogen von einer Vielzahl kleiner regionaler Ölfirmen und Raffinerien, welche kaum eine Marktmacht besaßen und auch nicht mit moderner Technologie ausgestattet waren. Auch konnte Öl ohne eine spezielle Lizenz eingeführt werden[55], was zu einem Chaos und Überangebot auf dem Ölmarkt führte. Verstärkt wurde diese Krise noch durch die hohen Inflationszahlen, so dass sich die Regierung zum Handeln gezwungen sah. Die Preise für Öl wurden ab 1994 wieder staatlich festgesetzt, die Ölversorgung wurde Sinopec übertragen und Importe waren nur noch mit Lizenz möglich. Dies führte zu einer Stabilisierung des Ölmarktes. Gegen Ende des Jahrtausends wurde es jedoch immer offensichtlicher, dass die zersplitterte chinesische Erdölindustrie restrukturiert werden musste, um folgende drei Ziele zu erreichen:

1. Die Firmen sollten für ausländische Investoren interessant werden und auf diesem Weg an moderne Technologie und an Kapital gelangen.

2. Effizienzsteigerung durch eine mehr am Markt und Wettbewerb orientierte Wirtschaft.

3. Übergabe der Entscheidungsmacht von staatlichen Behörden an die Unternehmen.

Die bedeutendsten neuen Großkonzerne wurden 1998 nach geographischen Gesichtspunkten geschaffen bzw. restrukturiert.[56] Die „China National Petroleum Corporation" (CNPC) erhielt den Norden und Westen (zwölf Provinzen) mit zwei Dritteln der gesamten nationalen Ölförderung. Die „Sinopec Group" erhielt den Süden und Osten (19 Provinzen) mit dem Großteil der Raffinerien und Chemiekomplexe und die „China National Offshore Oil Corporation" (CNOOC) ein faktisches Monopol über alle untermeerischen Ölvorkommen und deren Exploration.

Wie steht es nun um die Unabhängigkeit der chinesischen Ölkonzerne bzw. inwieweit besteht eine Interessensdifferenz zwischen den strategischen Zielen der Staatsführung und den Unternehmen?

Auf den ersten Blick scheint die Differenz relativ groß, da die Unternehmen daran interessiert sein sollten, nur wirtschaftlich rentable Verträge abzuschließen oder in entsprechende Projekte zu investieren. Doch um diese Frage detaillierter beantworten zu können, muss man die Entscheidungsträger in den Konzernen betrachten. Dabei stellt man fest, dass einerseits viele noch aus der Zeit der planwirtschaftlichen Kontrolle durch den Staat stammen bzw. viele von ihnen aus Ministerien ausgegliedert wurden. Auf der anderen Seite leiden die Ministerien und Kommissionen (für den Ölsektor ist seit 2003 die „Staatliche Verwaltung der Petroleum- und chemischen Industrie" (SAPC) zuständig und als regulierende Behörde dient die „State Energy Administration (SEA)[57]) unter einem Per-

---

55 Wang: China's Oil Industry & Market, S. 49

56 China Perspectives, No. 54, S. 24

57 EIA: China Country Analysis Brief 2004, http://www.eia.doe.gov/emeu/cabs/china.html, gesehen am 29.08.2005

sonalmangel, sodass sie oftmals bei der Projektberatung auf die Hilfe der Konzerne angewiesen sind. Somit besteht auf der Ebene Kommissionen/Ministerien und Konzerne mehr ein symbiotisches Verhältnis und die großen Rahmenbedingungen werden weiter von der politischen Führung vorgegeben.

An dieser Situation konnte auch die Zulassung ausländischer Aktionäre an den chinesischen Konzernen wenig ausrichten. Diese boten nur zehn bis 27 Prozent ihres Aktienkapitals auf dem freien Markt an, und obwohl sich die großen internationalen Konzerne einkauften, wurde darauf geachtet, dass diese keine Entscheidungsbefugnisse oder Vorstandssitze erhielten. So dienten diese Aktienemissionen vor allem dem Zweck, Kapital zu erlangen und über die Beteiligung von ausländischen Firmen an moderne Technologie zu gelangen, was auch als gelungen betrachtet werden muss.

Gegenwärtig (2004) bietet sich folgendes Bild:[58]

ExxonMobil	7 % bei Sinopec
Royal Dutch Shell	3 % bei Sinopec (verkauft 2004)
	5 % bei CNOOC
BP	2 % bei Sinopec
	3 % bei PetroChina (beide 2004 verkauft)

Das bedeutet, dass die ausländischen Firmen sehr wohl auf dem chinesischen Markt präsent sind, als Eigenmarken bzw. im chemischen Bereich, doch haben sie es bisher nicht geschafft, Entscheidungsbefugnisse in den chinesischen Konzernen zu erhalten. Somit kann davon ausgegangen werden, dass die großen geopolitischen Investitionsentscheidungen durch die Spitze des chinesischen Staates (nach Konsultation von Ministerien, Beratern und der Firmen) getroffen, an die Konzerne weitergegeben und von diesen mit einem gewissen Entscheidungsspielraum umgesetzt werden.

2.4. Die „Peakproblematik" und die Frage kontinuierlich hoher Ölpreise als geostrategisches und ökonomisches Problem unter Berücksichtigung der großen internationalen Ölkonzerne

Neben den politischen und wirtschaftlichen Faktoren, welche Einfluss auf die Entscheidungen und Aktionen eines Landes haben, gibt es auch noch die Ressourcenfrage an sich, welche oftmals übersehen wird. Im Bereich des Öls wird sie als „Peakproblematik", d. h. Höhepunkt der Ölförderung bezeichnet. Die Standpunkte in der Wissenschaft sind hierzu äußerst konträr und es ist hier nicht der Raum, um die gesamte Debatte ausführlich zu analysieren; doch wegen ihrer Wichtigkeit seien die beiden Extrempositionen gegenübergestellt.

---

58 China Perspectives, No.54, S. 23

Auf der einen Seite befinden sich diejenigen, welche behaupten, dass die Ölvorräte praktisch unerschöpflich sind; was von der „United States Geological Survey" (USGS) vertreten wird[59] und deren Standpunkt am besten vom Wirtschaftswissenschaftler Prof. Adleman wiedergegeben wird:

„Minerals are inexhaustible and will never be depleted. A stream of investment creates additions to proved reserves from a very large in-ground inventory. The reserves are constantly being renewed as they are extracted (...). How much was in the ground at the start and how much will be left at the end are unknown and irrelevant."

Zu diesem Schluss kommt auch die USGS für den Zeitraum 1995–2025, welche ebenfalls von der IEA zitiert wird. Dabei stützt sich diese Schlussfolgerung nicht auf Expeditionen, sondern ist eine Hochrechnung der „subjektiven Wahrscheinlichkeit" neuer (Öl-)Funde in jedem Weltbassin. Dabei geht man z. B. davon aus, dass die Wahrscheinlichkeit bei 95 % liegt, dass sich in einem unerschlossenen Bassin in Grönland mehr als eine Tonne Öl befinden; die Wahrscheinlichkeit, dass sich mehr als 112 Mrd. Barrel finden lassen, liegt dann bei 5 % usw. Lässt man diese Wahrscheinlichkeitsrechnung beiseite und betrachtet nur das Endergebnis, so geht die Studie davon aus, dass zwischen 1995 und 2025 674 Mrd. Barrel gefunden werden, was einem Jahresdurchschnitt von 25 Mrd. Barrel entspräche. Tatsächlich lag der jährliche Wert, zwischen 1995 und 2005, bei durchschnittlich 10 Mrd. Fass. Zusätzlich zu diesen Schwächen nimmt die Studie die amerikanischen Festlandsfelder als Standard und projektiert deren Reserven – bei Festlandsfeldern kommt es häufig vor, dass bei einer weiteren Erschließung der Felder neue Reserven entdeckt werden und die Förderleistung mittelfristig wieder steigt, was bei den Feldern in der Nordsee oder vor Alaska nicht der Fall war – auch auf unterseeische Felder.

Die Gegenposition stellt sich dabei mehr die Frage, wann eine Quelle entdeckt und wie viel gefunden wurde. Sie geht davon aus, dass mit dem ersten Öl, welches gefördert wird, die Erschöpfung beginnt.[60] Dabei unterscheidet sie nach konventionellem, leicht zu förderndem und raffinierendem und nicht konventionellem Öl, wie Schweröl, Tiefseeöl und Öl aus den Polarregionen. Konzentriert man sich nun auf das konventionelle Öl und nimmt ebenfalls die US-Ölproduktion als Modell, so zeigt sich, dass dort die Quellenfunde ihren Höhepunkt 1930 hatten und die Produktion 40 Jahre später, d. h. ca. 1970 ihren Höhepunkt erreichte. Das Abfallen der Produktion, das Versiegen von Ölquellen wurde damals aufgrund der billigen Importe jedoch kaum zur Kenntnis genommen. Überträgt man dies nun auf den Weltmaßstab, wo der Höhepunkt der Neufunde 1964 erreicht wurde, rechnet man mit einem Produktionspeak zwischen 2010 und 2020. Dies ist

---

59 USGS World Petroleum Assessment 2000, http://pubs.usgs.gov/fs/fs-062-03/FS-062-03.pdf, gesehen am 30.08.2005

60 Campbell: Forecasting global oil supply, http://www.hubbertpeak.com/campbell/Campbell_02-3.pdf, gesehen am 30.08.2005

	Produktion Mai 2005 in 1000 Barrel/Tag	Kapazität (geschätzt) in 1000 Barrel/Tag
Saudi-Arabien	9.500	10.500
Iran	3.900	4.050
Venezuela	2.700	2.750
Verein. Arab. Emirate	2.340	2.550
Nigeria	2.450	2.500
Kuwait	2.500	2.500
Libyen	1.650	1.650
Indonesien	950	1.050
Algerien	1.360	1.380
Katar	790	800
Gesamt	28.140	29.680
Irak	1.780	2.500
Gesamt (inkl. Irak)	29.920	32.180

Tab. 2: OPEC: Produktion und Reserven 2005
Quelle: Erstellt nach Daten aus dem Handelsblatt, Nr. 114, 2005, S. 25

nicht nur eine theoretische Hochrechnung, sondern bezieht sich auf die Zahl der Ölquellen, welche bis 2010 neu erschlossen bzw. wieder erschlossen[61] werden. Dabei erreichen nicht nur einige Ölfelder den Höhepunkt ihrer Produktion, sondern auch einige große Ölproduzenten wie China und Mexiko, so dass nicht nur der steigende Ölbedarf der Wirtschaft, sondern auch die Verluste durch versiegende Ölquellen abgedeckt werden müssen. Verstärkt werden diese Befürchtungen noch dadurch, dass die OPEC aus politischen Gründen keine neutralen Schätzungen ihrer Ölvorkommen zulässt und dass die Länder seit 1990 dazu übergegangen sind, nicht mehr ihre verbleibenden Ölreserven, sondern die ursprünglich vorhandenen zu melden.[62]

Wenn auch nicht davon ausgegangen werden kann, dass die Ölreserven plötzlich versiegen, so ist nach dem Produktionspeak doch mit einer weiteren Steigerung der Ölpreise zu rechnen. So schätzt z. B. die Unternehmensberatung McKinsey den Ölpreis 2010 auf 108 USD/bbl., was andere Institutionen zunehmend ähnlich sehen.[63]

Ökonomisch ist es insoweit problematisch, als dass die großen Industrienationen, allen voran die USA, auf einen stetigen, besonders aber auch günstigen Ölstrom angewiesen

---

61 So meldete Saudi-Arabien die Erschließung eines neuen 500.000 bbl/day Ölfeldes, welches tatsächlich schon in den 60er Jahren genutzt wurde und damals aufgrund der zu hohen Produktionskosten stillgelegt wurde.

62 Da von den Reserven ihre OPEC-Produktionsquoten abhängen.

63 So z. B. die Imperial Bank of Ontario, wobei trotz allem nicht vergessen werden darf, dass auch Finanzspekulationen einen großen Einfluss auf den Ölpreis haben

Der chinesische Energiesektor

sind, da stark steigende Treibstoffpreise auch dort das Wirtschaftswachstum und damit leicht den sozialen Frieden gefährden könnte. In China ist die Situation ähnlich, wobei die soziale Stabilität von einem kontinuierlichen Wirtschaftswachstum abhängt, welches wiederum an dem Automobilsektor und den Ölzufluss gekoppelt ist.

Geostrategisch könnten steigende Ölpreise China zwingen, stärker in die bestehenden US amerikanischen Lieferbeziehungen vorzudringen, bzw. die USA zwingen, China noch stärker daraus fernzuhalten.

Die entscheidende Frage wird dann sein, ob die USA gewillt sind, ihre in der zweiten Hälfte des 20. Jahrhunderts erworbenen Privilegien zu beschneiden und vielleicht ihren Ölkonsum einzuschränken und dadurch China mit seinen 1,4 Mrd. Menschen einen ausreichenden Anteil am Öl zu gewähren. Oder ob sie im Sinne einer angelsächsischen „Balance of Power" Politik versuchen werden, den möglichen eurasischen Konkurrenten zu behindern oder auszuschalten.[64] Man könnte nun einwenden, dass die engen wirtschaftlichen Verflechtungen konfliktbesänftigend wirken könnten, doch im Ölsektor trifft dies nur eingeschränkt zu, da, wie wir gesehen haben, die Verflechtungen zwischen chinesischen und internationalen Konzernen eher gering sind. Auch wenn natürlich der chinesische Markt für die ausländischen Großkonzerne interessant bleibt, so sind sie doch an ihre Staaten gebunden, da die VR im Zweifelsfall auch nur ihre eigenen Firmen stützen wird.

Die Peakproblematik fand insoweit internationale Beachtung, als der große Ölkonzern „Royal Dutch Shell" die Angaben über seine Reserven weit nach unten korrigieren musste[65], da sie scheinbar aus taktischen Gründen, ähnlich der Praxis vieler Förderländer, erhöhte Zahlen angegeben hatten. So führt die zunehmende Konkurrenz zwischen den Großmächten, sowie die erschwerte Ölförderung, auch zu einem steigenden Wettbewerb unter den Energiekonzernen. Diese suchen zum einen alternative Betätigungsfelder, aber werden in Zukunft auch, mehr als bisher, staatlicher Unterstützung bei der Öffnung neuer Förderländer und Regionen bedürfen, was bedeutet, dass sich der Korporatismus, besonders in den USA, noch weiter verstärken dürfte.

---

64 Brzezinski: Die einzige Weltmacht, S. 58 ff.

65 The Economist, Oil: Unstoppable?, 17.04.2004, S. 7

Der chinesische Energiesektor

3. Die VR China als geostrategischer Akteur

„VÖLKER HABEN KEINE FREUNDE,
VÖLKER HABEN INTERESSEN."

v. BISMARCK

3.1. Chinas Ziele

Um die Handlungsweisen des chinesischen Staates in Bezug auf die Sicherung der Roh-ölressourcen analysieren und in die Zukunft projizieren zu können, muss man zuerst das sicherheitspolitische Konzept als Ganzes verstehen. Dabei wird das von der Staatsführung vertretene „drei-dimensionale" Sicherheitskonzept die Grundlage der Untersuchung bilden. Doch bevor man auf das spezielle chinesische Konzept eingeht, muss man sich vergegenwärtigen, dass die allem zugrunde liegenden Ziele das Überleben der chinesischen Führung (d. h. des politischen Systems) und des chinesischen Staates und Volkes sind – alles andere baut auf diesen grundlegenden Fundamenten auf.

Davon abgeleitet besteht das chinesische Sicherheitskonzept aus den drei Teilen:[66]

1. politische Sicherheit

2. militärische Sicherheit

3. wirtschaftliche Sicherheit → Ressourcensicherung

Die hierarchische Staffelung ist hier rein willkürlich; die Teilfelder bilden ein Ganzes, ohne eine starke Wirtschaft kein modernes Militär, ohne ein modernes Militär keine politische Sicherheit. Ohne stabile politische Verhältnisse keine wirtschaftliche Sicherheit usw. Im Folgenden sollen nun die drei Teilbereiche näher erläutert werden und besonders auch die Schlüsselrolle, welche dabei der Ölversorgung zukommt, herausgearbeitet werden.

> **Die militärische und politische Sicherheit**

Die militärische Sicherheit Chinas wird in der Jiefangjun Bao folgendermaßen umrissen:

„Die Streitkräfte schultern den bedeutenden Auftrag, die territoriale Integrität und Souveränität des Staates zu schützen, feindlichen Aggressionen zu widerstehen und die Einheit des Staates zu wahren. Deswegen ist es wichtig, die Rüstung zu stärken, neue Waffen zu entwickeln und die militärische Organisation zu reformieren. Die Streitkräfte aller Länder sollten eine wichtigere Rolle beim Kampf gegen den Terrorismus, Drogenhandel sowie Rettungs- und humanitären Einsätzen spielen."

---

66 Jiefangjun Bao, 24.12.1997, S. 5; in der Zeitung wurde das Sicherheitskonzept noch weiter ausdifferenziert und zwar nach: militärischer, politischer, wirtschaftlicher, sozialer sowie wissenschaftlicher und technologischer Sicherheit. Nach Ong: China's security interests in the post-cold war era, S. 18 ff.

Die letzten Punkte spiegeln deutlich die auch von den USA Ende der 90er Jahre propagierten Prioritäten wider, während gegenwärtig Punkte wie Verteidigung der territorialen Souveränität, Widerstand gegen ausländische Interventionen, sowie Sicherstellung der Wiedervereinigung mit Taiwan wieder mehr von Interesse sind. Dabei muss man bedenken, dass seit der chinesisch-russischen Annäherung, eine direkte militärische Bedrohung durch andere Staaten zurzeit nicht gegeben ist.[67] So liegen die heutigen Schwerpunkte der Rüstung, neben der Modernisierung des Landheeres, besonders in der Stärkung der Luftwaffe und Marine, da diese für Langstreckenoperationen besser geeignet sind. Die chinesischen Streitkräfte haben dabei einen technologischen Vorsprung von zwei bis drei Generationen aufzuholen, was in diesen beiden sehr technologielastigen Heereszweigen, besonders gravierend ist. So hat die Luftwaffe bisher kaum Kapazitäten, um Langstreckeneinsätze durchzuführen, da die meisten Flugzeuge noch aus den 60er Jahren stammen. Erst seit ca. 1995 setzte mit Flugzeugkäufen in Russland, sowie dem Erwerb von Fertigungslizenzen eine allmähliche Modernisierung ein, wobei der Prozess jedoch sehr langfristig ist, da mit der Produktion neuen technischen Geräts auch die Ausbildung des technischen und fliegenden Personals einhergehen muss. Außerdem ist die chinesische Luftwaffe relativ groß (330.000 Mann und ca. 3500 Flugzeuge)[68] was eine Modernisierung zusätzlich noch verzögert, so dass mit einer schlagkräftigen, international einsetzbaren Luftflotte nicht vor 2015 zu rechnen ist. Trotzdem ist sie mit einigen neuausgerüsteten Geschwadern durchaus für eine Kurz- und Mittelstreckenverteidigung entlang der chinesischen Grenzen (bis zu den Spratley Inseln) in der Lage, wobei ihr regional nur noch die taiwanesische und japanische Luftwaffe überlegen ist.

Bei der Marine verhält sich die Lage ähnlich, nur dass hier die Modernisierungszeiten aufgrund der Komplexität und Größe der Kriegsschiffe noch etwas länger sind. So sieht die Planung eine moderne, aus Atom-U-Booten und großen Überwassereinheiten bestehende Marine bis 2019 vor, welche in der Lage sein soll, alle Hoheitsgewässer Chinas zu verteidigen. Von da an soll sie um Flugzeugträger erweitert und bis 2039 zu der beherrschenden Flotte des Westpazifiks werden. Mit den USA gleichziehen will die Volksmarine ab 2040 durch international operierende Trägerkampfgruppen.[69]

Neben der militärischen ist aber auch die politische Sicherheit für die chinesische Führung von zentraler Bedeutung. Wobei die Jiefangjun Bao unter politischer Sicherheit versteht:

„Die politischen Institutionen und das System eines Staates kann nicht durch ein anderes Land verändert werden, Eingriffe in die Souveränität und Einheit eines Landes dürfen nicht geduldet werden und kein Land soll sich in die internen Angelegenheiten eines an-

---

67 Wobei sich eine derartige Bedrohung relativ rasch Entwickeln kann, wenn die US-Präsenz in Zentral- und Ostasien verstärkt würde, was zu einem Einkreisungsszenario führen könnte.

68 Chinas Defence Today: Air Power, http://www.sinodefence.com/airforce/default.asp, gesehen am 11.08.2005

69 Schubert: China-Konturen einer Übergangsgesellschaft auf dem Weg ins 21. Jahrhundert, S. 366

deren einmischen. Auf internationaler Ebene sind alle Länder, ob groß ob klein, ob arm ob reich, gleich. Den großen und starken soll es nicht erlaubt sein, die kleinen und schwachen zu tyrannisieren. In internationalen politischen Angelegenheiten soll es den Supermächten nicht gestattet sein, andere Länder herumzukommandieren, Machtpolitik zu betreiben oder ihre Werte anderen aufzuzwingen. Dies sind die unverzichtbaren Voraussetzungen für globale und regionale Sicherheit."

Dabei muss man zwei Ebenen der politischen Sicherheit unterscheiden: einmal die nationalstaatliche und zum anderen die des internationalen Systems.

Auf nationalstaatlicher Ebene ist die Führung Chinas am Erhalt ihres politischen Systems interessiert. Dabei ist sie momentan umso verletzlicher, als sich die ehemals Kommunistische Partei Chinas im Wandel hin zu einer nationalen und sozialistischen Volkspartei befindet, wobei das Endergebnis (wenn es je ein Ende dieses evolutionären Prozesses gibt) noch nicht absehbar ist.[70] Um aber die innenpolitische Stabilität zu gewährleisten, ist die KPCh zunehmend abhängig von einer stetigen wirtschaftlichen Entwicklung geworden. Dies kommt daher, dass die kommunistische Ideologie im Laufe der 90er Jahre fast vollständig aufgegeben wurde und sich die KPCh seitdem als die Vorhut des nationalen Wiederaufstiegs Chinas präsentiert, welcher sich für die große Masse der Bevölkerung in einem kontinuierlich steigenden Wohlstand manifestiert.

Ebenso verbittet sich China jedwede äußere Einmischung in interne politische Angelegenheiten oder Prozesse. Dabei ist dieser Punkt stark von historischen Erfahrungen geprägt, dass ein einmaliges Nachgeben gegenüber ausländischen Forderungen immer weitere nach sich zieht- was heutzutage bei der „messianischen" Politik[71] der Vereinigten Staaten durchaus nachvollziehbar ist. Besonders dieser Punkt der Bewahrung nationaler Souveränität wird auch auf internationaler Ebene als Prinzip vertreten, was die chinesische Position für viele in wirtschaftliche Abhängigkeit von der Weltbank oder dem IWF (d. h. vom Westen kontrollierte Institutionen) geratene Staaten der dritten Welt attraktiv macht. Mit diesem Verhalten versucht die VR China gemeinsam mit anderen Staaten die zunehmende Dominanz der USA zu relativieren. Zusammengefasst wurde die chinesische Position in den „5 Punkten der friedlichen Koexistenz", welche die gegenwärtigen außenpolitischen Handlungsgrundlagen bilden.

1. Gegenseitiger Respektierung der Souveränität und territorialen Integrität

2. Gegenseitiger Nicht-Angriff

3. Gegenseitige Nichteinmischung in die inneren Angelegenheiten

4. Gleichheit und gegenseitiger Nutzen

5. Friedliche Koexistenz

---

70 Herrmann-Pillath/Lackner: Länderbericht China, S. 188
71 Im Bezug auf das Aufdrängen ihres Staats- und Wirtschaftsverständnisses

➤ Die wirtschaftliche Sicherheit

Die Kernpunkte wirtschaftlicher Sicherheit sind: die Förderung des Wirtschaftswachstums, der freie und faire Handel, sowie der Zugang zu Märkten und Ressourcen.[72]

Der Ideologiewandel bzw. Verzicht, hat die KPCh an das wirtschaftliche Wachstum gebunden; so lange sie für die Bevölkerung steigenden Wohlstand verkörpert, ist sie durch den Erfolg legitimiert. Im Umkehrschluss bedeutet dies jedoch, dass eine Wirtschaftskrise eine schwerwiegende Gefahr für den sozialen Frieden und das Bestehen des Systems bedeutet. Seit Deng Xiaoping verkündete dass „nicht alle gleich schnell reich werden könnten", hat ein großer Teil des chinesischen Volkes von den Reformen der letzten 25 Jahre profitiert und der Rest hat zumindest noch die Hoffnung, dass der Aufschwung auch zu ihm kommen wird. Solange diese Hoffnung aufrechterhalten werden kann, bleibt auch die Stabilität gewährleistet. Zusätzlich hat die neue Regierung unter Hu Jintao und Wen Jiabao sich den sozialen Ausgleich zum Ziel gesetzt und den Fokus weg von einem blinden Wirtschaftswachstum genommen.

Nichtsdestotrotz bleibt ein weiterer wirtschaftlicher Aufstieg Chinas der entscheidende Faktor, an dem der Erfolg einer Führergeneration gemessen werden wird.

Welche Rolle spielt nun der Rohölbedarf in der Kausalitätskette

Wirtschaftswachstum → Gesellschaftliche Stabilität → Politische Sicherheit?

Wie wir gesehen haben, ist der Anstieg des Ölbedarfs vor allem dem wachsenden Transportwesen sowie der Privatmotorisierung geschuldet. Wobei diese wachsende Motorisierung den Kraftfahrzeugsektor und mit ihm einen gewaltigen Wirtschaftszweig aus Zuliefererbetrieben, Werkstätten, Forschungseinrichtungen, sowie Arbeitsplätzen geschaffen hat und erhält.

Damit ist die Bewahrung der Energiesicherheit eine der bedeutendsten Aufgaben des chinesischen Staates. Dabei wird Energiesicherheit verstanden als *„die Verfügbarkeit von Energie in jedweder Form, zu jeder Zeit, in ausreichenden Mengen und zu erschwinglichen Preisen"*[73]. Bei der großen Bedeutung des Automobilsektors für die Gesamtwirtschaft würde jedwede längerfristige Preiserhöhung oder Versorgungslücke schwerwiegende gesamtwirtschaftliche Folgen nach sich ziehen.

Die Gefahren für die Energiesicherheit lassen sich in zwei große Kategorien einteilen: in die mit weltweiten und diejenigen mit regionalen oder nur ein Land betreffenden Auswirkungen.

---

72 Ong: China's security interest in the post-cold war era, S. 23
73 Andrews-Speed: The strategic implications of China's Energy needs, S. 13

Globale Ereignisse[74]	
Politische Diskontinuität	Verringerung der Produktion durch die Förderländer
Fundamentale Unterbrechung	Weltweiter Mangel an Produktionskapazitäten
Force majeure	Unruhen, Krieg, Blockade von Handelswegen
Handelsembargo	Embargo von Importländern gegenüber einem Exporteur

Die bedeutendsten Ereignisse in der globalen Kategorie sind dabei Ölpreiserhöhungen durch die OPEC, anderer Förderländer oder langfristige Preiserhöhungen durch Versorgungsengpässe. Da eine direkte Preispolitik der OPEC durch die sinkenden Reservekapazitäten kaum mehr möglich ist[75], ist gegenwärtig ein Produktionsengpass verbunden mit weiter steigenden Ölpreisen, welche durch den Kampf im Irak noch verstärkt werden, die bedeutendste Gefahr.

Regionale Ereignisse	
Handelsembargo	Generelles Embargo gegen einen bestimmten Importeur
Logistische Unterbrechung	Unfall oder terroristischer Anschlag auf Versorgungswege
Lokale Marktengpässe	Durch Monopolisten, Spekulanten, politische Eingriffe oder politischen Druck

Unter diesen regionalen Ereignissen wäre das gefährlichste für die VR China ein Handelsembargo, welches z. B. auf Druck einer anderen Großmacht durch die Ölexporteure verhängt werden könnte.

Um diesen Bedrohungsszenarien vorzubeugen, stehen einem Staat zwei grundsätzliche Herangehensweisen offen. Zum einen eine strategische, staatszentrierte, zum anderen eine marktorientierte, in der Hoffnung, durch eine enge Einbindung in die Weltmärkte mögliche Krisen zu meistern. Da es jedoch keinen anonymen Weltmarkt gibt und die Staaten sowie die ihnen verbundenen Konzerne die entscheidenden Akteure sind, wäre es naiv für eine Großmacht, ihre Energiesicherheit vom Zufall oder den Interessen anderer Mächte abhängig zu machen.

---

74 ebenda, S. 14

75 Die OPEC hat in der ersten Hälfte 2005 alleine 5 mal ihre Produktionsmengen erhöht, ohne dass es zu einer spürbaren Preisentspannung auf den Märkten gekommen wäre. Siehe: Handelsblatt, Nr. 114, 2005, S. 25

	Strategischer Ansatz	Marktansatz
Angebotsorientierte Maßnahmen um Versorgungsengpässe zu vermeiden	• Kontrolle durch Staatsfirmen • Selbstversorgung • Investitionen in nationale und internationale Produktion und Transport	• Liberalisierung des Energiemarktes • Einbindung in den internationalen Energiemarkt • Förderung ausländischer FDIs
Nachfrageorientierte Maßnahmen um Versorgungsengpässe zu vermeiden	• Nutzung von Verwaltungsmaßnahmen zur: • Steigerung der Energieeffizienz • Optimierung der Transportkapazitäten	• Nutzung von Marktmechanismen zur: • Steigerung der Energieeffizienz • Optimierung der Transportkapazitäten
Politische Maßnahmen um Versorgungsengpässe zu vermeiden	• Verstärkte politische Verbindungen mit Energieexporteuren • FDIs und Hilfe für Energieexporteure	• Vertrauen auf die Effizienz und Zuverlässigkeit des internationalen Energiemarktes
Maßnahmen um die Auswirkung von Versorgungsengpässen zu mildern	• Strategische Ölreserven • Zentrale prioritäre Verteilung	

Tab. 3: Staatliche Ansätze zur Sicherstellung des Energiebedarfs

Quelle: Nach Andrews-Speed: The strategic implications of China's Energy needs

Nach den schlechten Erfahrungen, welche China in der ersten Hälfte des 20. Jahrhunderts mit einem schwachen Staat und ausländischen Konzernen machte, bestand die Politik der VR China in den letzten 50 Jahren aus dem Autarkiestreben bzw. dem Versuch, sich eine möglichst große wirtschaftliche Unabhängigkeit zu erkämpfen. In dem Streben nach Energiesicherheit und der Sicherstellung der Ölversorgung ist dieser Grundzug auch heute noch präsent.

Welche Maßnahmen ergreift China nun, um die Ölversorgung zu gewährleisten? Grundsätzlich muss man zwischen nationalen und internationalen geostrategischen Maßnahmen unterscheiden. Dabei umfassen die nationalen Maßnahmen:

1. *Maximierung der Ölproduktion*: Wie bereits oben ausgeführt wurde, ist eine Steigerung der chinesischen Ölproduktion kaum mehr möglich und außerdem mit steigenden Produktionskosten verbunden.

2. *Ausbau der Infrastruktur*, um das Öl schneller und kostengünstiger zu den Märkten zu bringen: Dies wird in China mit größtem Nachdruck vorangetrieben, besonders im Bereich des Pipelinebaus und im Bau neuer Häfen und Raffinerien.

3. *Einschränkung des Verbrauchs*: Dies ist in dem stark wachsenden Markt nur insoweit möglich, als man versucht, energieeffizientere Motoren oder Prozesse zu entwickeln.

4. *Anlage einer strategischen Ölreserve*: China begann 2004 mit der Anlage einer strategischen Ölreserve, um möglichen Preisschwankungen oder Nachschubproblemen vorzubeugen. Sie soll stufenweise bis zu einem Reservebedarf von 90 Tagen erweitert werden.[76]

Die entscheidenden Maßnahmen sind jedoch die internationalen geostrategischen, welche den Import langfristig sicherstellen müssen. Dies sind:

1. Eine langfristige Ressourcensicherungspolitik

2. Eine internationale Importdiversifikation

3. Der Aufbau eigener Weltkonzerne

1. Die Ressourcensicherungspolitik

Die Ressourcensicherungspolitik eines Staates kann kurzfristig auf Deckung durch den Weltmarkt, oder langfristig, unter Berücksichtigung zumeist strategischer Gesichtspunkte, angelegt sein. Wie wir gesehen haben, ist die Sicherung der Ölzufuhr bei den derzeitigen höchst schwankenden Preisen in China langfristiger Natur. Das liegt zusätzlich noch daran, das Öl kein ubiquitär vorhandener Rohstoff ist, sondern auf eine relativ übersichtliche Zahl von Förderländern begrenzt ist. Daher ergibt sich für importabhängige Staaten in Phasen verstärkter Ölnachfrage bzw. im Hinblick auf diese Phasen die Notwendigkeit, mit den Produzenten in einem guten, politischen Verhältnis zu stehen, so dass einerseits stetige Öllieferungen sichergestellt sind und andererseits die nationalen Ölkonzerne, bzw. die beauftragten Konzerne die Möglichkeit haben, die Ölquellen zu erschließen und zu nutzen.

Chinas Investitionen in ausländische Fördergebiete begannen gegen Mitte der 90er Jahre parallel mit der steigenden Unzulänglichkeit der nationalen Quellen die wachsende Wirtschaft zu versorgen. Wobei diese ersten Investitionen[77] den Charakter von „Versuchsballons" hatten, welche man aufsteigen ließ, um erste Erfahrungen in diesem neuen geopolitischen Bereich zu sammeln. Im Zuge dieser „Versuche" formte sich in China zunehmend ein geostrategisches Bild, welches das Land umgeben sah von einem Kordon größtenteils unerschlossener Öl- und Erdgasreserven in Russland, Zentralasien und dem Mittleren Osten.[78] In diesen drei Großregionen gibt es noch einige wenig erschlossene Ölvorkommen, insbesondere in Zentralasien und Sibirien. Dabei hätten die letzteren beiden Regionen den Vorteil, dass das Öl auf dem Landwege (in Pipelines oder per Bahn) relativ

---

76 AFP: China to delay strategic oil reserves at current record prices, http://www.gasandoil.com/goc/news/nts52937.htm, gesehen am 03.09.2005

77 u. a. in: Kanada (1992/93), Peru (1993), Thailand (1993) und Papua Neuguinea(1994)

78 Andrews-Speed: The strategic implications of China's Energy needs, S. 35

sicher und preiswert nach China transportiert werden könnte, wohingegen der Seeweg vom Mittleren Osten aus lang und verletzlich ist.

Politisch ist China für die Förderländer als Handelspartner höchst attraktiv, da China entsprechend seiner Nichteinmischungsdoktrin nur Handel treiben will, ohne anderen Ländern seine Ideologie oder sein Wertesystem aufzuzwingen. Dies ist besonders für diejenigen Länder außerhalb des europäischen Kulturkreises interessant, die sich in ihrer eigenstaatlichen Existenz zunehmend durch die universalistisch angewandten und nur schwammig definierten[79] amerikanischen Wertmaßstäbe wie Demokratie, Menschenrechte oder freier Handel bedroht sehen. China wiederum nützt diese moralisierende Haltung des Westens klar zu seinem Vorteil, indem es besonders mit vom Westen bedrängten Ländern[80] Lieferverträge abschließt.

2. Geostrategische Diversifizierungspolitik

Vom sicherheitspolitischen Standpunkt aus ist es für einen Staat höchst bedeutsam, wenn Ölimporte aus möglichst verschiedenen Ländern getätigt werden. So kann man vermeiden, dass bei politischen Unruhen, Kriegen, Embargos usw. die eigene Ölversorgung schwerwiegend getroffen wird. Allerdings ist dieses breite Fundament auch kostenintensiver in seinem Aufbau und Erhalt. Zum einen muss eine Vielzahl von politischen Verbindungen aufrechterhalten und harmonisch aufeinander abgestimmt werden, und zum anderen ist speziell im Fall Rohöl auch dessen unterschiedliche Zusammensetzung in verschiedenen Teilen der Erde von Bedeutung. So ist zum Beispiel das Öl des Mittleren Ostens saurer als das chinesische, was die Volksrepublik zur Nachrüstung ihrer Raffinerien zwang; ähnliches gilt auch für das Öl aus Venezuela. Doch hat China, wie wir gesehen haben, eine strategische Grundhaltung zum Energieproblem angenommen und ist auch bereit, Mehrkosten im Interesse der nationalen Sicherheit in Kauf zunehmen.

Die Durchsetzung strategischer Denkmuster in der chinesischen Ölversorgungspolitik lässt sich in der historischen Entwicklung sehr gut nachvollziehen. So wurden gegen Mitte der 90er Jahre die Ölimporte fast ausschließlich aus asiatischen Quellen (Indonesien, Malaysia) gedeckt, welche etwas später um den Mittleren Osten (Oman, Saudi-Arabien) erweitert wurden. Aber erst gegen Ende des 20. und zu Anfang des 21. Jahrhunderts wurde eine gezielte Quellenländerdiversifizierung betrieben, so dass 2004 90 % der chinesischen Ölimporte aus neun Ländern stammten, gegenüber gerade einmal fünf Ländern 1996.[81] Diese Politik ist noch lange nicht abgeschlossen und wird es wahrscheinlich nie

---

79 So ist z. B. die Klassifikation eines Staates als demokratisch oder nicht, allein schon durch die verschiedenen Spielformen dieses Systems höchst problematisch. Will man eine Parteiendemokratie (Deutschland), Konstitutionelle Monarchie (Großbritannien) oder eine Präsidialdemokratie (USA)? So ist die entsprechende Klassifikation eines Landes durch den Westen meist wenig mehr als ein Willkürakt.

80 z. B. Venezuela, Sudan, Iran usw.

81 Logan: China scrambles for energy security, http://www.iea.org/textbase/speech/2005/jl_csis.pdf, gesehen am 01.08.2005

werden, da immer damit zu rechnen ist, dass das eine oder andere Land als Lieferant ausfällt und durch neue Quellen ersetzt werden muss.

3. Der Aufbau eigener Weltkonzerne

Um die Ressourcensicherungspolitik praktisch durchzuführen, braucht China technologisch gut ausgestattete und finanzstarke Ölkonzerne. Wie wir gesehen haben, wurde der zersplitterte Markt 1998 in drei großen Konglomeraten zusammengefasst. Dies geschah zum einen, um die Nutzung der nationalen Öl- und Gasreserven effizienter zu gestalten, aber auch schon in der klaren Absicht, diese Firmen international konkurrenzfähig zu machen.

Die Restrukturierung blieb jedoch nicht nur auf die Bündelung einzelner Firmen beschränkt, sondern man begann eine grundlegende Modernisierung der Konzerne in Angriff zu nehmen. Die wichtigsten Punkte waren dabei:[82]

- Aufbau einer zeitgemäßen Unternehmensführung und Struktur
- Konzentration auf die Kerngeschäftsfelder
- Rigider Sparkurs und Personalabbau

Dabei bedeutet Konzentration auf die Kerngeschäftsfelder im Falle der chinesischen Ölfirmen: Öl und Gasunternehmungen, Raffinerie und petrochemische Unternehmungen, sowie Transport und Verkaufsbereich. Dagegen wurden die Bereiche wie Service-Unternehmen (Ingenieur- und technische Dienstleistungen für das Kerngeschäft), Versorgungseinrichtungen (Wasser, Strom usw.), sowie soziale Dienstleistungen (Schulen, Krankenhäuser usw.) als nicht zum Kerngeschäft gehörend definiert. Alle diese Restrukturierungsmaßnahmen dienten dem Zweck, die Konzerne für einen Gang an die internationalen Aktienmärkte zu stärken, um so ihre Finanzbasis zu verbreitern und internationale Investoren (d. h. technisches Wissen) anzuziehen.[83]

Dies wurde umso bedeutender, als im Jahr 2000 eine starke Fusionswelle unter den internationalen Ölkonzernen einsetzte, welche zu einer noch stärkeren Machtkonzentration führte[84] und sich China gleichzeitig auch noch auf den Eintritt in die WTO vorbereitete.

Wie ist nun der Stand der chinesischen Ölkonzerne auf internationalem Gebiet im Vergleich zu den großen Konkurrenten?

---

82 Zhang: Catch-up and Competitiveness in China, S. 110 ff.

83 Um an den Aktienmarkt zu gehen, bildete CNPC die Firma PetroChina und Sinopec die Sinopec Corp.

84 Im Zeitraum von 1998 bis 2000 verringerte sich die Zahl der großen westlichen Ölkonzerne von elf auf sechs

	Umsatz (Mrd. USD)	Netto Ergebnis (Mrd. USD)	Kapital-aufwendungen (Mrd. USD)	Börsen-kapitalisierung (Mrd. USD)	Produktion (Mill. Barrels/Tag)
PetroChina	36,5	8,4	10	90	2,5
Sinopec Corp.	50	2,6	5,4	52	0,9
CNOOC Ltd.	4,9	1,4	1,2	18	0,35
BP	236	12,5	14	180	4
Petronas (RUS)	22	4,5	4-6	Staatsbetrieb	1,3

Tab. 4: Vergleich der drei gelisteten chinesischen Energiekonzerne mit zwei regionalen Konkurrenten

Quelle: Erstellt nach Daten aus Sepulchre: Energy and Globalisation in China Perspectives Nr.54, Juli 2004

Bei einem direkten Vergleich zeigt es sich, dass die chinesischen Ölkonzerne unter rein marktwirtschaftlichen Gesichtspunkten ihren großen Konkurrenten (hier: BP) noch weit unterlegen sind, so dass viele Fachleute vor dem Börsengang der einzelnen Firmen mit einer Fusion rechneten[85], um mit den anderen großen Weltkonzernen gleichzuziehen, was jedoch bisher nicht geschah. Vergleicht man dann die chinesischen Unternehmen mit anderen mehr nationalen Konzernen so erkennt man durchaus eine Konkurrenzfähigkeit, die besonders auch kürzlich durch das Kaufgebot von CNOOC für die große US-amerikanische Firma Unocal[86] bestätigt wurde. Man darf eben nicht übersehen, dass die Firmen zum einen noch eine gewisse staatliche Unterstützung erhalten[87], z. B. im Bezug auf die Anwendung der WTO Regeln, und zum anderen die chinesischen Firmen erkannt haben, dass eine gegenseitige Konkurrenz ihnen nur zum Nachteil gereichen würde und so untereinander, von sich aus, zunehmend auf Kooperation setzen.[88] Mit ihrem Verzicht auf einen großen Anteil internationalen Kapitals bewahren sich die chinesischen Firmen so ihre Handlungsfähigkeit und Unabhängigkeit. Dies lässt erwarten, dass die chinesischen Firmen bei einem staatlichen Protektionismus und Förderungspolitik ähnlich der der USA durchaus die Chance haben werden, den großen internationalen Konzernen zu gleichwertigen Konkurrenten zu erwachsen und gleichzeitig ihren Beitrag zur Sicherung der nationalen Energieversorgung und damit der Prosperität Chinas zu leisten.

---

85 Sepulchre: Energy and Globalisation: Oil and Gas in China, S. 26

86 Der Spiegel, Unocal Übernahme: Politiker sehen nationale Sicherheit in Gefahr, 27.06.2005, S. 26

87 Diese Beispiel zeigt auf der anderen Seite auch die starke staatliche Hilfe für amerikanische Firmen, da die US-Regierung gerade dabei ist, wie beim versuchten Einkauf der Deutschen Bank unter Herrhausen, den chinesischen Einkauf als Gefahr für die nationale Sicherheit zu erklären.

88 Zhang: Catch-up and Competitiveness in China, S. 209

3.2. Die Deckung des Ölbedarfs und seine Auswirkung auf die geopolitische Situation Chinas

Wie aufgezeigt wurde, zwingt der steigende Ölkonsum die Volksrepublik, einen immer größeren Teil ihres Ölbedarfs durch ausländische Produktion zu decken. Dies macht es für China notwendig, sich zunehmend in Ländern und Regionen zu engagieren, mit welchen sie bis vor kurzem relativ wenig Kontakt hatte und über wenig diplomatische Beziehungen verfügt. Zusätzlich sind diese Produktionsländer schon des längeren in internationale Lieferbeziehungen eingebunden, welche China durch sein Vordringen allein in Unordnung gebracht hat. Besonders die Hauptprofiteure des bestehenden Systems, wie die USA und die auf sie ausgerichteten Konzerne, könnten sich durch den Aufstieg Chinas beeinträchtigt fühlen und versuchen, das Fußfassen Chinas auf dem internationalen Ölmarkt zu behindern. Wie und ob das der Fall ist, soll nun hier anhand dreier Fallstudien genauer untersucht werden. Dabei wurden die Regionen aufgrund ihrer geopolitischen Situation, d. h. ihrer Verortung im gegenwärtigen Mächtesystem, ihrer wirtschaftlichen Bedeutung für China und ihrer geographischen Lage (grenznah bzw. Übersee im Bezug auf die VR) ausgewählt.

1. **Der Mittlere Osten und Saudi-Arabien** als geopolitisches Spannungsfeld; liegt fast vollkommen in der Einflusssphäre der USA, wobei diese ihre Hegemonie in dieser Region innerhalb von 60 Jahren zementiert hat. Wirtschaftlich deckt China seinen Ölbedarf zu mehr als 60 % aus diesem Großraum, der geographisch weit von China entfernt und nur über die Seewege zu erreichen ist, welche von der US-Marine überwacht werden.

2. **Zentralasien** als Produktions- und Transfergebiet wurde ausgewählt, da man hier einen Wettbewerb von drei Großmächten (Russland, USA und China) um die Region beobachten kann. Für China ist dabei die geographische Nähe für die Rohölversorgung von Vorteil.

3. **Der Sudan** als geopolitisches Spannungsfeld dient als Beispiel für das Engagement Chinas in von den USA bedrohten Staaten, da er bisher noch von keiner Großmacht als Einflusssphäre vereinnahmt wurde und sich die chinesische Außenpolitik dort relativ unbefangen entfalten kann. Allerdings befindet er sich geographisch sehr weit vom Schutz der chinesischen Luftwaffe oder Marine, welche in der Nähe auch noch keine Stützpunkte unterhalten.

Die jeweilige Fallstudie soll dann anhand von drei Hauptkriterien untersucht werden, um anschließend einen Rückschluss ziehen zu können auf die Erfolgsaussichten des chinesischen Ansatzes, und ob das Verhalten Chinas, respektive das der anderen Großmächte, eine mehr kooperative oder konfrontative Entwicklung erwarten lässt.

Analysekriterien sind:

1. Ökonomische und strategische Bedeutung für China sowie die Art der Lieferbeziehungen.

2. Politisches Verhältnis zu China und mögliche zukünftige Entwicklung.

3. Mögliche Interessenkonflikte mit anderen Großmächten.

Den Abschluss des Hauptteils bildet, nach der Analyse des Großmachtverhaltens in verschiedenen Konkurrenzsituationen, der direkte Blick auf zwei der Hauptkonkurrenten Chinas, die USA und Japan, und die Frage, ob es tatsächlich Ansätze für eine Konfliktlinie zwischen den Mächten des Beharrens und denen des Wandels gibt.

> **Der mittlere Osten und Saudi-Arabien als geopolitisches Spannungsfeld zwischen den USA und der VR China**

1. Geopolitischer Überblick der Region

Der Großraum wird in seinem überwiegenden Teil von Arabern bewohnt, welche der sunnitischen Glaubensrichtung des Islam folgen, und nur im äußeren Osten von zum Teil indogermanischer Restbevölkerung (Iran), welche der Shiaa folgen, sowie semitischer Bevölkerung an der westlichen Mittelmeerküste. Die Trennung zwischen Sunniten und Shiiten war über lange Jahrhunderte auch eine politische. Nach dem Zusammenbruch des Osmanischen Reiches und einer Kolonialperiode durch Frankreich im Norden und die

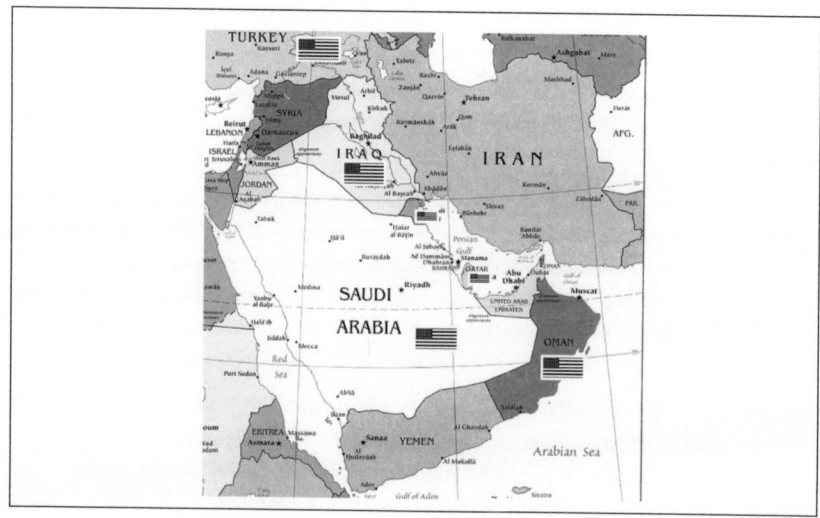

Abb. 8: Der Mittlere Osten

*Quelle: CIA – Worldfactbook 2005 (http://www.cia.gov/cia/publications/factbook/) und eigene
        Bearbeitung*

China als geostrategischer Akteur

Engländer im Süden erhielten die Staaten ihre Unabhängigkeit in der Mitte des 20. Jahrhunderts. Die angelsächsische Kolonialepoche gab Großbritannien, bzw. dessen Nachfolger, den USA, einen guten Ansatzpunkt: die aus dieser Zeit bestehenden wirtschaftlichen und politischen Beziehungen. Die ebenfalls aus dieser Epoche bestehenden Ressentiments versuchte die UdSSR während des Kalten Krieges zu nutzen, um Einfluss in der Region zu gewinnen, dem jedoch nur ein vorübergehender Erfolg beschieden war. Nach der Eroberung des Iraks wird die gesamte Region, mit Ausnahme des Irans, von den USA dominiert, welche bisher in der Lage waren, jeden ernsthaften Vorstoß einer anderen Macht in den Raum zu unterbinden, der ca. 25 % ihres eigenen Rohölbedarfs deckt.

Der Mittlere Osten ist gegenwärtig die größte ölproduzierende Region weltweit. Ihr Anteil an der Gesamtproduktion lag 2003 bei 29,6 %.[89] Diese Position erreichte sie in der zweiten Hälfte des 20. Jahrhunderts, als die alten Produktionszentren Europas (Rumänien) hinter dem Eisernen Vorhang versanken und die USA ihren Produktionspeak überschritten. Die Staaten der Region waren maßgeblich an der Schaffung der OPEC beteiligt und sind dort auch heute noch deren Wortführer. Die bedeutendsten Ölproduzenten in der Region sind dabei 2003 Kuwait (3 %), die Vereinigten Arabischen Emirate (3,2 %), der Iran (5 %) und Saudi-Arabien (12,8).

2. Die VR China im Mittleren Osten

Das chinesische Interesse am Mittleren Osten ist noch sehr jung. Vor den 90er Jahren beschränkte es sich auf Waffenlieferungen zur Unterstützung revolutionärerer Umstürze, doch spielte China selbst zu dieser Zeit nur eine sehr untergeordnete politische Rolle. Für die chinesische Energieversorgung hat der Großraum zunehmend an Bedeutung gewonnen, da trotz der geographischen Diversifizierungspolitik, mehr als 50 % des Rohöls aus dieser Region stammen.[90] Diese Versorgung sicherzustellen, ist eines der primären Ziele der chinesischen Geopolitik geworden. Waren die größten chinesischen Versorger 1996 v.a. der Oman und Jemen (zusammen ca.45 % des Bedarfs), so verteilt sich dieser nun zu beinahe gleichen Teilen auf Saudi-Arabien, den Oman und den Iran.[91] Dem späten Engagement in Saudi-Arabien und anderen Ländern lagen weniger politische Bedenken zugrunde, als vielmehr die Tatsache, dass das Rohöl hohen Schwefeanteil aufweist, für dessen Raffination in China, zum damaligen Zeitpunkt keine Kapazitäten vorhanden waren. Das Öl aus dem Oman und Yemen dagegen ist ähnlich schwefelarm wie das chinesische.[92]

China besitzt allerdings gegenüber angelsächsischen Ländern einen großen Vorteil indem es, unbelastet von einer kolonialen Vorgeschichte, mit den Staaten in Verhandlungen tre-

---

89 BP Energy in Focus – Statistical Review of World Energy June 2004, S. 7

90 BP Energy in Focus – Statistical Review of World Energy June 2004, S. 19

91 Logan: China scrambles for energy security, http://www.iea.org/textbase/speech/2005/jl_csis.pdf, gesehen am 01.08.2005

92 Wang: China's Oil Industry and Market, S. 235

ten kann. Auch geht von China kein Bedrohungsszenario mehr aus, da es erstens alle revolutionären Bestrebungen abgelegt hat, zweitens keinen Ideologieexport ähnlich dem der USA betreibt, und drittens aufgrund seiner militärischen Schwäche nicht als Gefahr empfunden wird. China hat sich, in den Augen der Regierungen der Region, hin zu einem reinen und idealen Geschäftspartner entwickelt, mit dessen Hilfe man hofft, die Anmaßungen der USA ausbalancieren zu können.

Sein steigender Ölbedarf hat China jedoch gezwungen, den Pfad eines vorsichtigen Hineintastens in die Region zu Gunsten einer mehr aktiveren Politik aufzugeben. So hat China kapitalintensive, langfristige Lieferabkommen mit dem von einem US-Angriff bedrohten Iran abgeschlossen und 2004 die USA als den größten Importeur von saudiarabischen Öl abgelöst.[93]

3. Saudi-Arabien als geopolitisches Spannungsfeld zwischen den USA und China

Die geopolitische Ausgangslage Saudi-Arabiens scheint auf den ersten Blick sehr gut zu sein. Es beherrscht die heiligsten Stätten des Islam, welche ihm einen kontinuierlich hohen Pilgerstrom bescheren und die größten Ölvorkommen der Welt. Nur sechs Jahre nach der Gründung des Staates im Jahr 1932 wurden in dem armen Wüstenland die ersten Ölvorkommen entdeckt wurden. Sie wurden durch die ARAMCO (Arabian American Oil Company) gefördert, welche von der Standard Oil (of California) begründet wurde[94] und bis 1951 ausschließlich in den USA Steuern entrichtete.[95] In der Zeit vor und während des 2. Weltkriegs liegt auch die Wurzel der engen us-amerikanisch/saudischen Beziehungen. Im Gegensatz zu seinen Nachbarn, welche bestrebt waren die koloniale Knebelung abzuschütteln, setzte Saudi-Arabien von Anfang an auf den Sieg der Aliierten über Deutschland und Europa. So reiste der US-Präsident Roosevelt nach der Konferenz von Yalta (1943) nach Saudi-Arabien und schloss mit dem König einen Pakt ab, der den USA den Zugang zum Rohöl garantiert und als Gegenleistung dafür, das Haus Saud unter den Schutz der amerikanischen Armee stellt[96] – dieser Vertrag wurde nach der Ölkrise 1973 modifiziert und vertieft und besteht in seinen Grundlagen noch heute.

In den Jahrzehnten nach dem 2. Weltkrieg entwickelte sich Saudi-Arabien zum bedeutendsten Mitglied der OPEC, da es über die größten bestätigten Ölreserven der Welt (ca. 260 Mrd. bbl.)[97] verfügt. Als einziges Mitglied der OPEC kann es durch seine Reservekapazitäten die Weltmarktpreise beeinflussen. Der Reichtum aus dem Ölgeschäft hat es

---

93 United Press International, 16.09.2004

94 Die Teilhaber waren bis 1980: SOCAL (jetzt Chevron), Texas Company (Texaco), Standard Oil of New Jersey (Exxon) und Socony Vacuum (Mobile), nach http://www.mopm.gov.sa/html/en/ saudico_e.html, gesehen am 27.08.2005

95 Enzyclopedia of the Orient: Saudi Arabia: History, http://lexicorient.com/cgi-bin/eo-direct-frame.pl?http://lexicorient.com/e.o/saudi_5.htm, gesehen am 08.07.2005

96 The Economist, 09.10.2004, S. 85

97 IAGS: New study raises doubts about Saudi oil reserves, http://www.iags.org/n0331043.htm, gesehen am 10.08.2005

---

ihm ermöglicht, sich von einem primitiven Staat wegzuentwickeln und umfangreiche Geld- und Vermögenswerte zu erringen, welche, aufgrund der nach der Ölkrise geschlossenen Verträge, fast ausschließlich in den USA bzw. in US-Dollar angelegt werden.[98] Dies hat zu einer sehr engen Kooperation zwischen beiden Ländern geführt, da die USA, besonders in wirtschaftlich schwierigen Zeiten, auf diese Petrodollars angewiesen sind. Außerdem garantiert das Land aufgrund seiner Ölreserven dem Westen eine stetige und günstige Ölversorgung; sein Ausfall würde zu einer Preisexplosion auf den internationalen Märkten führen.

Gleichzeitig hat Saudi-Arabien einige gefährliche Schwächen. So fehlt der Regierung jedwede Legitimierung durch das Volk, was die politische Führung sehr empfindlich für politischen Druck von außerhalb macht.[99] Verstärkt wird diese Schwäche durch die praktische Unfähigkeit des Landes sich selbst zu verteidigen, was seiner sehr geringen Bevölkerungszahl (24,5 Mio.) und seiner langgestreckten Grenzen geschuldet ist. Eine sehr hohe Zahl von Gastarbeitern aus verschiedenen Länder sorgt zusätzlich für eine relativ instabile gesellschaftliche Lage. Man kann davon ausgehen, dass ohne die Unterstützung der USA für die Monarchie, die kontinuierliche und stabile Westorientierung nicht gewährleistet werden könnte.

Welche Auswirkungen hat nun das Vordringen Chinas in diese diffizile politische Situation?

a)   Ökonomische Bedeutung für China und die Art der Lieferbeziehungen

Die wirtschaftlichen Beziehungen zwischen Saudi-Arabien und der VR China begannen sich parallel zum wachsenden Importbedarf zu verbessern. Wurde China noch in den 80er Jahren wegen seiner Waffenlieferungen in die Region als ein destabilisierender Faktor betrachtet, hat sich das Bild nun grundlegend geändert. Ende des Jahres 2004 wurde China zum bedeutendsten Importeur saudischen Öls, noch vor den USA und Japan[100], und deckt nun 20 % seines Konsums mit Öl aus dem Königreich.

Die Lieferbeziehungen sehen dabei folgendermaßen aus: Die chinesischen Konzerne erwerben Rohöl, aber auch raffiniertes Öl, von der seit 1976 (bzw. 1980) staatlichen Ölfirma „Saudi (!) ARAMCO" oder Schürfkonzessionen in ausgewiesenen Regionen. Das Öl wird anschließend auf dem Seeweg nach China transportiert.

Auch hat China in der Vergangenheit Saudi-Arabien gedrängt, Raffinerien in der Volksrepublik zu errichten, um die dortigen Wirtschaftsstandorte zu stärken. Doch trotz gegenseitigen Einvernehmens ist es bisher nicht zu einer Umsetzung gekommen.

---

98   Perkins: Bekenntnisse eines Economic Hit Man, S. 153

99   Solange sie keine Schutzmacht besitzt

100 Alexander's Gas and Oil Connections: China is now largest Saudi oil client, News&Trends Volume 9 Issue 20, http://www.gasandoil.com/goc/history/welcome.html, gesehen am 16.09.2004

Dafür engagieren sich zunehmend chinesische Firmen in Saudi-Arabien. So schloss Sinopec im März 2004 einen Vertrag im Wert von 300 Millionen USD mit ARAMCO ab, in welchem es sich verpflichtet, ein Naturgasfeld nahe dem großen Ghawar Ölfeld zu erschließen. Obwohl sich dies vom wirtschaftlichen Standpunkt kaum rechnen dürfte, sind sich die Experten einig, dass es vorrangig ein politischer Vertrag war.[101] Er dient insbesondere dem Zweck, langfristige positive Beziehungen mit der saudischen Regierung herzustellen, so dass man bei zukünftigen Verhandlungen über Rohöl davon profitieren kann.

b) Das politische Verhältnis zu China

Das politische Verhältnis zwischen der VR und Saudi-Arabien ist bei einem wirtschaftlichen Schlüsselfaktor wie dem Öl von herausragender Bedeutung. Die Monarchie und die Herrschaft des Hauses Saud in allen Bereichen des Staates macht es für jedes am saudischen Öl interessierte Land notwendig, langfristige und gute Beziehungen zu dieser Herrscherfamilie herzustellen. Vor der Reformpolitik Deng Xiaopings stellten die chinesischen Waffenlieferungen in die Region einen großen Destabilisierungsfaktor dar, weshalb sich die beiden Länder bis in die 80er Jahre hinein feindselig gegenüberstanden. Doch im Zuge des Strebens nach internationaler Anerkennung reduzierten die Chinesen ihre Waffenlieferungen in Spannungsgebiete[102] und legten großen Wert auf die Normalisierung diplomatischer Beziehungen. Damit erreichte China, dass Saudi-Arabien im Jahr 1990 offizielle Beziehungen mit ihm aufnahm. Seitdem haben sich die politischen Beziehungen zunehmend verbessert, was zum einen der chinesischen Nichteinmischungsdoktrin, zum anderen aber natürlich der steigenden Attraktivität des chinesischen Marktes geschuldet ist, an dem auch die saudische ARAMCO Interesse hat. Dieses Zweigestirn aus Marktmacht und eingestellten Waffenverkäufen beschleunigte die saudisch chinesische Annäherung bis zu ihrem vorläufigen politischen Höhepunkt, als Jiang Zemin 1999 bei seinem Staatsbesuch in Riad eine „strategische Energiepartnerschaft" zwischen den beiden Nationen verkünden konnte.[103] So haben die Chinesen das „Ballspielen" zwischen Politik und Wirtschaft gelernt und genutzt, um sich einen festen politischen und wirtschaftlichen Stand im Mittleren Osten aufzubauen.

c) Mögliche Interessenskonflikte mit anderen Großmächten

Wie bereits angedeutet, sind die USA die dominierende Hegemonialmacht am Persischen Golf und insbesondere in Saudi Arabien. Dessen gesamte moderne Infrastruktur beruht auf amerikanischer Technologie (und ist somit von den US-Unternehmen, welche sie

---

101 Daragahi: China goes beyond Oil in forging ties to the Persian gulf, http://www.energybulletin. net/4015.html, gesehen am 11.08.2005

102 Die Raketentechnologie ausgenommen, bestand ein Teil der Reduzierung in Absatzproblemen, welche durch die schlechte Qualität der chinesischen Waffen bedingt waren, http://www.ndu.edu/inss/ McNair/mcnair36/36hist.html, gesehen am 01.09.2005

103 shate de nengyuan he zhongshanengyuan hezuo (Saudische Energiequelle und saudisch-chinesische Zusammenarbeit), http://service.win.mofcom.gov.cn/cbgyj/scdy2702.asp, gesehen am 03.07.2005

warten, abhängig)[104]. Auch ist die Förder- und Transportstruktur auf die, besonders von den USA und Japan genutzten „Supertanker" ausgerichtet. Oberflächlich betrachtet könnte man deshalb annehmen, dass die USA als mögliche Macht des Beharrens unter rein strategischen Gesichtspunkten daran interessiert wäre, die steigende Bedeutung Chinas in Saudi-Arabien zurückzudrängen. Doch diese Betrachtung würde zu kurz greifen, denn solange genug Öl für beide Großmächte vorhanden ist – hier zu verstehen als preiswertes Öl –, besteht zwischen beiden eine gewisse Interessenkongruenz. Beide sind an einem sicheren Zugang, und damit an stabilen politischen Verhältnissen im Land interessiert. Außerdem müssen die USA bisher nicht befürchten, dass China die so eng geschmiedeten Bande zwischen ihr und Saudi-Arabien stören könnte, da diese primär über moderne Technologie und die Verbindungen zwischen den Eliten gehalten werden.

Die VR China profitiert sogar von der starken US-Präsenz in der Region, insoweit als die US-Armee, trotz allem, einen stabilisierenden Faktor (für den Zugang fremder Mächte) darstellt, und besonders die US-Marine die langen Seewege bewacht, mit deren Schutz die Volksmarine überfordert wäre. Sollten die Ölpreise jedoch weiter steigen und keine neuen alternativen Felder gefunden werden, so ist es sehr wahrscheinlich, dass ein Verdrängungswettbewerb, durch politischen und militärischen Druck auf Saudi-Arabien einsetzen würde, welchen die VR gegenwärtig kaum gewinnen könnte.

> **Zentralasien als bedeutende Produktions- und Transferregion zwischen Moskau, Washington und Peking**

1. Geopolitischer Überblick über die Region

Zentralasien umfasst neben den Turkstaaten der früheren Sowjetunion auch die kaukasischen Länder im Westen und erstreckt sich im Süden fast bis zum Indischen Ozean. Diese Untersuchung beschränkt sich jedoch auf die fünf zentralasiatischen Republiken mit Aserbaidschan, da diesen eine ähnliche politische und gesellschaftliche Struktur gemeinsam ist.

Die fünf zentralasiatischen Republiken werden von islamischen Turkvölkern bewohnt und sind relativ altes russisches (und sowjetisches Kolonisationsgebiet). Nach kurzen Aufständen wurden sie zu Beginn der 20er Jahre in die UdSSR gezwungen und konnten erst mit deren Zusammenbruch, Anfang der 90er Jahre des 20. Jahrhunderts, ihre Unabhängigkeit zurückerlangen. In Folge dieses Prozesses gelangten jedoch in allen Staaten ehemalige hohe, kommunistische Parteifunktionäre an die Macht, welche äußerst autoritäre und repressive Regime errichteten. Wirtschaftlich war die Region schon zu Sowjetzeiten sehr schwach und lebte vor allem von Baumwolle und der Ölproduktion, wobei Kasachstan, Turkmenistan und Aserbaidschan die bedeutendsten Produzenten sind.[105]

---

104 Perkins: Geständnisse eines Economic Hit Man, S. 159
105 BP Energy in Focus – Statistical Review of World Energy June 2004, S. 6

Abb. 9: Zentralasien

Quelle: Indiana University und eigene Bearbeitung

Die Region besitzt eine geopolitische Doppelfunktion; zum einen als Öl- und Erdgasproduzent, zum anderen als wichtige Transferregion von Energieressourcen aus diesen Staaten und Russland nach China. Die gesamten Rohölreserven Zentralasiens wurden zunächst weit überschätzt. Nach einer Vielzahl von Testbohrungen werden sie nun mit ca. 60 Mrd. bbl. veranschlagt[106], was ungefähr der Hälfte derjenigen des Irak (ca. 113 Mrd. bbl.) entspricht. Zusätzlich ist sie für die USA als Stützpunkt für Militärexpeditionen im Bereich des „eurasischen Balkan"[107] wichtig und zur Sicherung weiterer Erdöl- und Erdgasreserven und deren Transport an den indischen Ozean bzw. an das Mittelmeer.[108] Dies hat Russland veranlasst, seine Präsenz in der Region wieder zu verstärken, nachdem diese unter Boris Jeltsin weitgehend abgebaut worden war und sich Moskau auch politisch fast ganz zurückgezogen hatte.[109] Besonders durch die Verlagerung amerikanischer Militäreinheiten in dieses Machtvakuum in den Jahren 2001/02 fühlte sich Russland zunehmend eingekreist, während China fürchtet, dass die USA einen Sperrriegel durch Zentralasien legen und ihm den Zugang zum Kaspischen Meer verlegen könnte.

---

106 Eytchison: The Caspian Oil Myth, http://www.energybulletin.net/86.html, gesehen am 12.08.2005; alte Schätzungen der IEA und der USGS gingen von bis zu 200 Mrd. bbl. aus.

107 Brzezinski: Die einzige Weltmacht, S. 181

108 Für die USA ist es wichtig, das russische Pipelinenetz zu umgehen, da sie für dessen Benutzung sehr hohe Transportkosten bezahlen müssen.

109 Gegenwärtig unterhält Russland zwei Basen in der Region, in Tadschikistan und Kirgistan, siehe Ramachandra: Rumsfeld makes it to first base, http://www.atimes.com/atimes/Central_Asia/GG 28Ag01.html, gesehen am 01.09.2005

2. Die VR China in Zentralasien

Historisch war China in Zentralasien nur temporär und relativ schwach vertreten. Demgegenüber stellten die Turkstämme immer eine Bedrohung für das chinesische Kaiserreich dar. Mit der Machterweiterung Russlands und später der Sowjetunion verschwand dieses Bedrohungspotential, allerdings nur mittelfristig, bis zu dem Bruch mit Moskau Anfang der 60er Jahre. Die Westgrenze war dabei besonders konfliktbeladen, da die Grenzziehung oftmals nicht eindeutig geregelt war. 1962 wurde sie hermetisch abgeriegelt und die nomadischen Völker, welche sie teilte, blieben bis 1991 vollkommen getrennt.

Doch auch mit der vorsichtigen Öffnung der Grenze spielte die Region als möglicher Wirtschaftsraum für Xinjiang in China nur eine untergeordnete Rolle. Auch nachdem China zum Energieimport überging, blieb dies zunächst gleich. Erst mit den prospektierten großen Ölvorkommen am Kaspischen Meer und den bestätigten Naturgasreserven interessierte sich China zunehmend für diese Länder. Wobei das politische Engagement jedoch mehr einem Wechselspiel wie Ebbe und Flut glich.

a) Ökonomische Bedeutung für China und die Art der Lieferbeziehungen

Es begann mit den Staatsbesuchen des chinesischen Premierministers Li Peng 1994 in den Zentralasiatischen Republiken und seinem Bemühen Vertrauen in China und seine Führung aufzubauen. Im Zuge dieser Besuchsreise besprachen Li Peng und Präsident Nijazov von Turkmenistan den Bau einer Öl- und Gaspipeline von den Feldern Turkmenistans bis zur chinesischen Küste[110] (der Vorschlag war zwei Jahre zuvor von Turkmenistan gemacht worden).

1996 stellte es sich jedoch durch eine Machbarkeitsstudie, welche von CNPC, Exxon und Mitsubishi durchgeführt wurde, heraus, dass sich die Projektkosten auf ca. 12 Mrd. USD belaufen würden. So kam es, dass das Projekt ruhte und Chinas Engagement in Zentralasien zwischenzeitlich nachließ; auch standen 1998 die großen Umstrukturierungsmaßnahmen im Energiesektor an. Erst zu Beginn des neuen Jahrtausends, gespeist aus dem Ölmangel, dem Willen Xinjiang wirtschaftlich zu entwickeln sowie der zunehmenden Angst vor einer verstärkten US-Präsenz, begann man das Projekt wieder aufzugreifen und 2004 fand schließlich der Baubeginn statt.[111] Die ökonomische Bedeutung für China liegt hierbei vor allem in der Zukunft, da die kaspischen Ölquellen erst nach Fertigstellung der Transportinfrastruktur genutzt werden können. Doch wird die Region danach umso bedeutender sein. Abgesehen davon, dass China größere Teile seiner Industrie auf Erdgas umstellen will, welches in der Region in großen Mengen vorhanden ist, können sie dann nicht nur die kasachischen und turkmenischen Ölquellen nutzen, sondern auch

---

110 Brodsgaard/Heurlin: China's place in global geopolitics, S. 136

111 Zhongha shuyouguanjianshe jinru gongjian jieduan (Der chinesisch-kasachische Pipelinebau befindet sich in der Endphase), http://www.cistc.gov.cn/info/infoview.asp?id=56923, gesehen am 05.09.2005

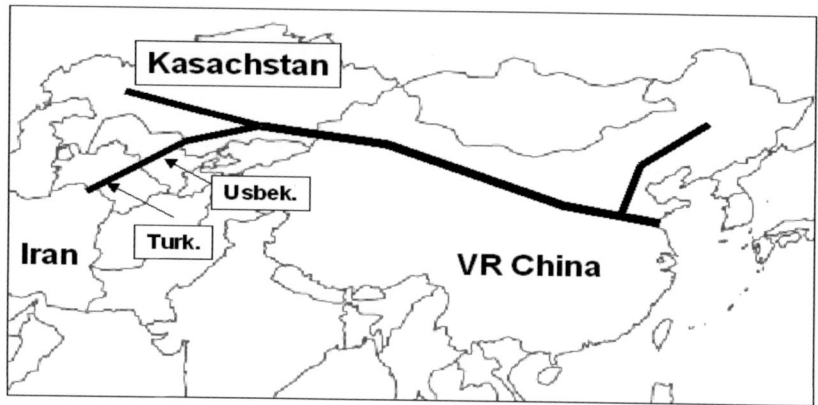

Abb. 10: Die Seidenstraße der Energie
Quelle: Eigene Darstellung nach Angaben aus IEA: China's Worldwide Quest for Energy Security, Paris, OECD/IEA 2000

mit relativ geringem Aufwand Querverbindungen zu den iranischen Quellen herstellen, sowie über die Unocal Pipeline in Afghanistan den Hafen von Gwadar in Pakistan erreichen. Dies würde China in die Position versetzen, sein Öl unabhängig von den durch die US-Marine kontrollierten Seewegen über diese Pipelines zu transportieren.

Staat	Art des Projekts	Beginn	Volumen
	Ölfelderschließung und Förderung	1997	4,0 Mio. USD
Kasachstan	Ölfelderschließung und Förderung	1997	1,3 Mio. USD
	Suche nach Ölquellen	1998	
Turkmenistan	Ölfelderservice	1997, 2002	14 bzw. 52 Mio USD
Aserbaidschan	Ölfelderschließung	2002	52 Mio. USD

Tab. 5: Bedeutende Investitionen chinesischer Energiekonzerne in Zentralasien

Quelle: Eigene Darstellung nach Andrews-Speed: The strategic Implications of China's Energy Needs, Adelphi Paper 346, Oxford, Oxford University Press 2002

Auch engagieren sich chinesische Ölkonzerne direkt in der Region, da hier nicht, wie z. B. in Saudi-Arabien, alles dominierende staatliche Ölkonzerne bestehen bzw. diese weit schwächer sind. Dies hat den Vorteil, dass China direkt (über die Konzerne) Kontrolle über gewisse Ölfelder ausübt, und zugleich garantieren die aufwendigen Bau- und Erschließungsmaßnahmen für ein langfristiges Engagement.

b) Das politische Verhältnis zu China

Die politischen Beziehungen zwischen China und den Zentralasiatischen Republiken sind sehr komplex. Dabei muss man zuerst die politischen Strukturen der Republiken verstehen. Nach dem Ende der Sowjetunion kamen in den Staaten ehemalige hohe kommunistische Funktionäre an die Macht, welche sich mit Hilfe der überlebenden alten Machtstrukturen, Parteikader, Armee und Geheimdienst zum Präsidenten wählen ließen. Sie haben nun eine meist klientelistische oder auf Familienstrukturen basierende Kontrolle über den neuen Staat aufgebaut[112]. Damit stehen sie als ehemalige Kommunisten gegen die nationale und gläubig-islamische Mehrheit ihrer jeweiligen Bevölkerung, welche diese auf Bereicherung und Machterhalt ausgelegten Strukturen ablehnt. Dies hat die Herrschenden dort, wegen ihrer schmalen Machtbasis, veranlasst, sich auf die Suche nach ausländischer Unterstützung für ihren Machterhalt zu machen. Hier haben sie eine breite Auswahl, da weder die USA noch Russland noch die VR China an einem Erstarken islamischer Bewegungen interessiert sind. China fürchtet im speziellen Falle ein Übergreifen dieser Tendenzen nach Xinjiang. Langfristig kann man jedoch davon ausgehen, dass diese Befürchtung in China immer mehr weichen wird, da der Han-Bevölkerungsanteil in der Provinz bereits die 38 %[113] überschritten hat und die Moslems im Laufe der nächsten 25 Jahre eine Minderheit in ihrem eigenen Land sein werden.

Den größten politischen Erfolg errang China mit der Schaffung der „Schanghaier Organisation für Zusammenarbeit" (SCO), in welcher alle Zentralasiatischen Republiken, sowie Russland vertreten sind und welche im Zuge der Grenzdemarkationen Mitte der 90er Jahre entstand. Ihr Ziel war es damals, die „drei Übel" – Extremismus, Fundamentalismus und Terrorismus – zu bekämpfen; außerdem stimmten die Unterzeichnerstaaten den „5 Punkten zur friedlichen Koexistenz" zu.[114]

Zunehmend ist China bestrebt, diese Struktur zu einem funktionsfähigen politischen Konsultations- und Handlungsapparat auszubauen, was jedoch durch das zunehmende US-Engagement behindert wird.

Andererseits wird China auch als eine gewisse Bedrohung empfunden, nicht als Staat, sondern wegen der verstärkten Zuwanderung von Chinesen in die Republiken, wobei sich die Bevölkerung vor einer Unterwanderung ihres Volkstums- ähnlich des Prozesses in Xinjiang fürchtet. Diese Wanderungen könnten sich, sollte von beiden Seite nicht mäßigend eingegriffen werden, zu einer Belastungsprobe für die politischen Beziehungen entwickeln. Generell kann man sagen, dass sich die chinesisch-zentralasiatischen Bezie-

---

112 Rashid: The Resurgence of Central Asia, S.78ff

113 Brodsgaard/Heurlin: China's place in global geopolitics, S. 132

114 Bajipaee: China fuels energy cold war, http://www.atimes.com/atimes/China/GC02Ad07.html, gesehen am 01.09.2005

---

hungen seit Beginn des neuen Jahrtausends intensiviert und verbessert haben, wobei die USA Konkurrenz für China zunehmend störend wirkt.

c) Mögliche Interessenskonflikte oder Kooperationen mit anderen Großmächten

Die Hauptakteure auf dem zentralasiatischen Spielfeld sind die drei Mächte: Russland, USA und die VR China. Wie bereits angedeutet, hatte sich Russland in den 90er Jahren fast vollständig aus seiner traditionellen Einflusssphäre in Zentralasien zurückgezogen. Das lag daran, dass die Region im weltweiten geopolitischen Denken keine zentrale Rolle einnahm. Mit ihrer geringen Bevölkerung, schwachen Wirtschaft und abgelegenen Lage war sie für die großen Anrainerstaaten uninteressant, zumal die Energiepreise derartig niedrig waren, dass selbst die Reserven Kasachstans oder Aserbaidschans für eine Erschließung unrentabel waren.

China war die erste Nation, die im Zuge dieses russischen Rückzugs nach Zentralasien vorstieß, indem es die „Schanghaier Organisation für Zusammenarbeit", welcher Kasachstan, Usbekistan, Tadschikistan, Turkmenistan, China, aber auch Russland selbst angehören, gründete. Die Energieversorgung spielte zum damaligen Zeitpunkt noch eine untergeordnete Rolle. Als besonders glücklich erwies sich die Einbindung Russlands in die Organisation, da es unnötige Reibungsverluste zwischen den beiden Mächten vermied. Sie ergänzen sich in Zentralasien zunehmend, da Russland im Bereich der Energie Selbstversorger ist und deshalb an den Vorkommen in der Region, im Gegensatz zu China, kaum Interesse hat. Gleichzeitig ist beiden daran gelegen, dass es nicht zu einer Islamisierung der Staaten kommt, was auch für die Russische Föderation destabilisierende Wirkungen haben könnte. Und zusätzlich sind sich die beiden Staaten noch darin einig, die USA aus dem Herzen Asiens wieder zu vertreiben. Die USA engagierten sich zunächst vor allem im Kaukasus, wo schon Präsident Clinton bestrebt war, eine Pipeline von den Ölfeldern Bakus zum türkischen Mittelmeerhafen Ceyhan zu bauen[115], um Russland zu umgehen. Der Bau dieser Pipeline, welcher zu weiteren Verstimmungen mit Russland führte, wurde 2002 begonnen und im Mai 2005, weit vor dem Zeitplan fertig gestellt.[116] George Bush nutzte dann die Ereignisse des 11. September 2001, um US-Militärbasen in Usbekistan und Kirgistan zu errichten, welche der neuen US-Militärdoktrin entsprachen, die gesamte Welt mit einem Netz von Basisstationen zu überziehen, welche im Bedarfsfall Absprungplätze, bzw. Einfallstore für Offensiven sein können. Die Präsidialfamilien Zentralasiens hießen die Amerikaner zunächst willkommen, weil sie sich von ihnen einen zusätzlichen Schutz gegen mögliche Aufstände versprachen. Doch diese Sicht änderte sich mit den von US-Nichtregierungsorganisationen unterstützten Umstürzen in Georgien, der Ukraine (durch Unterstützung der Soros Stiftung und Billigung des US-Außenministeriums[117]) und besonders auch wegen des ambivalenten Ver-

---

115 Wobei Georgien als Transitstaat entscheidend für die Pipeline ist.

116 Engdahl: Revolution, geopolitics and pipelines http://www.atimes.com/atimes/Global_Economy/ GF30Dj01.html, gesehen am 15.07.2005

117 Vgl. ebenda

haltens der USA gegenüber des versuchten Umsturzes in Kirgisien. Unter dem Eindruck dieser Ereignisse forderte die SCO Anfang Juli 2005 die USA offiziell auf einen Zeitplan für den Abzug ihrer Militärpräsenz aus Zentralasien bekannt zu geben[118]; am 21.7. schließlich forderte Kirgistan explizit den Abzug der amerikanischen Truppen von seinem Hoheitsgebiet.[119]

Außerdem gab die SCO bekannt, dass Pakistan, Indien, der Mongolei und dem Iran ein Beobachterstatus in der Organisation eingeräumt worden wäre.[120] China wird nun bestrebt sein, die Handlungsfähigkeit der SCO zunehmend zu stärken und es ist zu sehen, dass, trotz der Spannungen zwischen ihren einzelnen Mitgliedern, ein gemeinsamer Nenner in der Ablehnung des unilateralen und hegemonialen Vorgehens der USA besteht. So hat das Vorgehen der USA zu einer starken Annäherung zwischen Russland und China geführt, welche Ende Juni 2005 in die Bildung einer sicherheitspolitischen Achse Peking-Moskau mündete.[121] Inhalt dieses Paktes ist die Zusammenarbeit und Vernetzung des Energiesektors, eine enge Zusammenarbeit zwischen der staatlichen russischen Ölfirma Rosneft und CNPC, sowie die respektive Unterstützung der beiderseitigen Positionen in Taiwan und Tschetschenien.[122] Mit dem Potential zur Erweiterung dieser Achse um Neu Delhi und Islamabad wären dann die Zentralasiatischen Staaten von einem weiteren Zugriff der USA abgeschirmt und diesen verbliebe nur noch ihr schmaler machtpolitischer Korridor im Kaukasus.

So stellt sich die chinesische Machtposition in Zentralasien nach diesen jüngsten Entwicklungen zunehmend positiv dar. Da China keine expansiven Absichten verfolgt und zusätzlich an einer wirtschaftlichen Stärkung der Republiken interessiert ist, bedeutet dies gleichzeitig positive Impulse für die wirtschaftliche Entwicklung Xinjiangs, welches nach chinesischen Vorstellungen den Schlüsselstein im zentralasiatischen Mosaik bilden soll. Außerdem würden wirtschaftlich und politisch stabile Staaten der VR einen gesicherten Zugang zu den Erdölreserven des kaspischen Raumes erleichtern.

Dies würde sich mit den russischen Zielen einer Zurückdrängung des amerikanischen Machtbereiches und gleichzeitig der Gewinnung eines starken Bündnispartners (China) hervorragend ergänzen und die Welt stärker einer multipolaren Mächtekonstellation entgegenführen.

118 Karajanov: Central Asian Neighbours close ranks, http://iicas.org/2005en/18_07_05_fr_en.htm, gesehen am 01.09.2005

119 bajijefu: meiguoying jieshu zaijierjisisitan de junshicunzai (Präsident Basajev sagt: Die USA sollen ihre Militärpräsenz in Kirgistan beenden), http://news.xinhuanet.com/mil/2005-07/18/content_ 3232161.htm, gesehen am 23.07.2005

120 Press Statement Following the Meeting of the Shanghai Cooperation Organisation Council of Heads of State, Astana, July 5, 2005, http://www.ln.mid.ru/brp_4.nsf/sps/5C6695C5CAC855CEC325 7036002629EE, gesehen am 04.08.2005

121 Kober: Alliances and Counter-alliances in Asia, http://www.realisticforeignpolicy.org/archives/ 2005/04/alliances_and_c.php, gesehen am 27.08.2005

122 India Daily: Russia and China sign strategic bilateral agreements, http://www.indiadaily.com/ editorial/3407.asp, gesehen am 15.07.2005

> **Das offene Spiel um den Sudan**

1. Geopolitischer Überblick der Region

Der heutige Sudan entstand 1956 aus der südlichen Hälfte des britisch-ägyptischen Kondominiums mit gegenwärtig ca. 40 Millionen Bewohnern.[123] Es ist geprägt durch ein hohes Bevölkerungswachstum[124], sowie durch eine ethnische Grenze, welche das Land in einen islamisch geprägten Norden und einen von Christentum und Naturreligionen dominierten Süden teilt. Im Norden wohnen vor allem Araber und Nubier, im Südteil den Tutsi und Niloten verwandte Bevölkerungsgruppen. Dieser Gegensatz führte unmittelbar nach der Unabhängigkeit zu einem Bürgerkrieg zwischen Nord und Süd, welcher mit einer längeren Pause zwischen 1972 und 1983, bis 2004 andauerte. Geopolitisch ordnete sich der Sudan während des Kalten Krieges dem Westen zu. 1989 brachen die USA jedoch im Angesicht des Endes des Konflikts mit der Sowjetunion mit dem Sudan, obwohl der neue Präsident Omar el-Bashir sich durch eine größere religiöse Toleranz als sein Vorgänger auszeichnete, und reihten das Land in ihr neues Konzept von „Schurkenstaaten", welches vor allem islamische Staaten betrifft, ein. Internationale Bedeutung erlangt der Sudan zunehmend wegen seiner Ölvorkommen im Shatt el-Arab, sowie auch wegen seines Monopols für Gummi arabicum, welches für die Cola-Herstellung unentbehrlich ist.[125]

Das Ende des Konflikts im Südsudan durch einen Friedensschluss im Jahr 2004 sichert der Region eine 6-Jährige Autonomie zu, an deren Ende eine Volksabstimmung zur Frage der Unabhängigkeit stattfinden soll. Doch ist wegen der Zersplitterung der Rebellen in zahlreiche Gruppen noch nicht abzusehen, wie sich die strategische Situation dort mittelfristig entwickeln wird.

Der Friedensschluss hätte beinahe den gesamten Sudan destabilisiert, da unter dem Eindruck der Zugeständnisse durch die Zentralregierungen auch Unabhängigkeitsbewegungen im Westen und Osten des Landes einen Aufstand begannen. Tatsächlich fällt es der Zentralregierung in Karthum, auch wegen der feindseligen Haltung Äthiopiens und Ugandas, welche von den USA unterstützt werden, schwer, die Kontrolle über ihr Territorium zu wahren.

Bisher hat es die Regierung nicht geschafft, einen neuen starken internationalen Partner zu finden und das Wettrennen um die Ölquellen, welche von ihrem Volumen her mit denen Nigerias vergleichbar sein sollen (geschätzt 1,5 Mrd. bbl[126]), ist in vollem Gange.

---

123 CIA Worldfactbook 2005, http://www.cia.gov/cia/publications/factbook/, gesehen am 30.07.2005

124 Zwischen 1995 und 2005 wuchs die Bevölkerung von 25 auf 40 Millionen. Was den Staat, aufgrund der kargen Landesnatur, zunehmend vor Versorgungsprobleme stellt.

125 Scholl-Latour: Afrikanische Totenklage, S. 205

126 CIA Worldfactbook 2005, http://www.cia.gov/cia/publications/factbook/geos/su.html, gesehen am 01.09.2005

China als geostrategischer Akteur

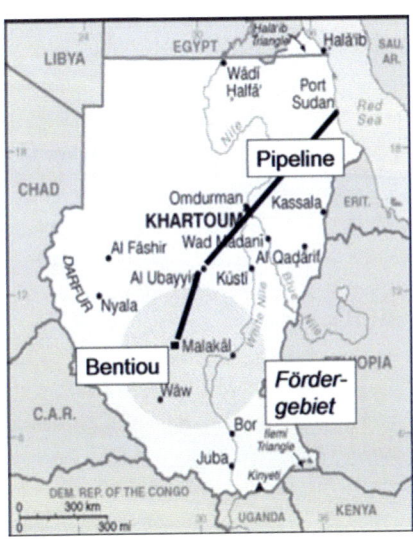

Abb. 11: Der Sudan und seine Ölvorkommen

*Quelle: CIA – The Worldfactbook 2007, https://www.cia.gov/cia/publications/factbook/
index.html, eigene Bearbeitung*

2. Die VR China im Sudan

Die VR China ist im Sudan schon seit den Zeiten des Kalten Krieges vertreten. Sie war einer der Hauptunterstützer für die Unabhängigkeitskämpfer im Süden des Landes. Deren Anführer, der in China ausgebildete „General" John Garang setzte sich in den 70er Jahren an die Spitze der „Sudanesischen Volksbefreiungsarmee" (SPLA) und versuchte einen kommunistischen Umsturz im Sudan herbeizuführen.

1989 wechselte er die Fronten, in einer für Afrika durchaus nicht untypischen Weise. Die USA in ihrem neuen Kampf gegen islamische Erneuerungsbewegungen entzogen der Regierung in Karthum ihre Unterstützung und wandten sich der SPLA zu, welche sehr schnell ihre kommunistischen Ziele verwarf und sich dem neuen Bundesgenossen und der Demokratie verschrieb- was jedoch keinen wie auch immer gearteten Wandel im Aufbau der Rebellenorganisation nach sich zog. Peking aber brach jeden Kontakt zur SPLA ab und begann nun, gemeinsam mit dem Iran, die sudanesische Zentralregierung zu unterstützen.[127] Der Hauptgrund hinter dieser fortgesetzten Unterstützung Chinas waren die im Sudd entdeckten Erdölvorkommen, über deren Vergabe Karthum entscheidet und wo sich China mittlerweile den Löwenanteil sichern konnte.

---

127 Scholl-Latour: Afrikanische Totenklage, S. 188ff

a) Ökonomische Bedeutung für China und die Art der Lieferbeziehungen

Im Gegensatz zu anderen afrikanischen Ländern, wie z. B. Tansania, ist das wirtschaftliche Engagement Chinas im Sudan noch sehr jung. Bis zu Beginn der 90er Jahre war es überhaupt nicht existent und es gab nur einen gewissen Waffen und vor allem Ideologieexport an die SPLA.

Wie auch in Saudi-Arabien oder bei dem Vordringen nach Südamerika trieben China hier vor allem die neuentdeckten Ölvorkommen, welche noch zu erschließen waren und bei denen die großen (westlichen) Konzerne durch den Bruch zwischen Washington und Karthum einen schlechten Stand hatten.[128] So gelang es China mit dem Sudan im Jahr 1998 einen voluminösen Vertrag über 700 Mio. USD abzuschließen, welcher die Erschließung von Ölquellen, Schürfkonzessionen, sowie den Bau von Pipelines umfasst.[129] China wird im Sudan durch CNPC vertreten, welches zusätzlich zur Ausbeutung der Felder um Bentiu (oberer Nil) im Jahr 2000 auch noch die Führung eines Konsortiums zur Erschließung von Feldern östlich des Nils erhielt. Die dominante Position von CNPC zeigt sich auch dadurch, dass es der größte Aktionär in der „Greater Nile Petroleum Operation Company" ist, welche die Förderung im ganzen Land dominiert.[130] Damit ist China der bedeutendste Investor im sudanesischen Ölsektor geworden. Und es ist nicht nur in der Erschließung der Quellen engagiert, sondern baute auch, im Verbund mit Malaysia und Indien[131], die bedeutendste Pipeline des Landes von Bentiu bis Port Sudan , über 1500 km und in Rekordzeit, um das Öl auf dem schnellstmöglichen Weg zum Meer zu schaffen.

Das Öl aus dem Sudan macht gegenwärtig (2004) ca. 6 % der chinesischen Rohölimporte aus, und es wird erwartet, dass der Anteil und besonders das Volumen weiter stark ansteigen. Die Gesamtproduktion liegt z.Zt. bei etwa 345.000 bbl/Tag, wovon 250.000 nach China exportiert werden, was die Bedeutung Chinas für den Sudan noch einmal hervorhebt. Nach der Erschließung der neuen Ölfelder (2007) soll die Gesamtproduktion auf 800.000 bbl/Tag ansteigen, wobei zu erwarten ist, dass der größte Teil davon ebenfalls nach China exportiert werden wird.[132]

Die Investitionen Chinas beschränken sich jedoch nicht auf den Ölsektor, zunehmend werden auch große Infrastrukturmaßnahmen durch chinesische Konsortien und Firmen übernommen. Das jüngste Beispiel hierfür ist der Bau eines Wasserkanals vom Nil nach

---

128 Die US-Firmen zogen sich nicht zurück, sondern ließen sich wie Chevron durch die Kanadische Tarnfirma Talisman vertreten, womit sie das offizielle US-Handeslembargo umgehen; doch war es ein offenes Geheimnis, wer sich hinter dem neuen Namen verbarg.

129 Andrews-Speed: The strategic implications of China's Energy needs, S. 34

130 Butt: Thirst for Crude Pulling China into Sudan, http://www.globalpolicy.org/security/issues/sudan/2004/0817chinaoil.htm, gesehen am 18.07.2005

131 Taneja: Gift of the Nile: http://www.ongcindia.com/archives1.asp?fold=archives%5Cjul802&file1=Feature_article&file2=feature_article2.txt, gesehen am 02.09.2005

132 Butt: Thirst for Crude Pulling China into Sudan, http://www.globalpolicy.org/security/issues/sudan/2004/0817chinaoil.htm, gesehen am 18.07.2005

Port Sudan, um die Stadt und alle an das Projekt angrenzenden Siedlungen mit Wasser zu versorgen. Das Projekt hat ein Volumen von 345 Mio. USD und erfüllt noch eine Doppelfunktion, indem es die Verbindung Port Sudans mit dem Zentrum des Landes stärkt und die Trasse zum Bau weiterer Pipelines und Verkehrswege erweitert.[133]

Damit ist China zu einem, wenn nicht dem bedeutendsten ausländischen Investor im Sudan geworden und die politische Stabilität des Landes, sowie seine enge wirtschaftliche Verbundenheit ist zu einem wichtigen Stein im Streben nach Energiesicherheit und der Suche nach verlässlichen internationalen Exporteuren geworden.

b) Das politische Verhältnis zu China

Der Sudan und China nahmen diplomatische Beziehungen bereits im Jahr 1959 auf. Doch blieben die politischen Beziehungen über die folgenden 30 Jahre sehr kühl. Der Sudan war wirtschaftlich sehr unbedeutend, seine autoritären Präsidenten suchten die Nähe zum Westen und China war die meiste Zeit über mehr mit sich selbst beschäftigt. Nach dem erneuten Aufflammen des Bürgerkriegs in den 70er Jahren unterstütze China die Position der aufständischen SPLA ideologisch und materiell, was ihr Verhältnis zur Zentralregierung zusätzlich trübte.

Obwohl der Sudan sich traditionell im westlichen Einflussbereich befand war dies mehr durch den Kalten Krieg erzwungen, welcher unbedeutenderen Staaten und ihren Regierungen oftmals nur die Wahl ließ, sich für eine der beiden Seiten zu entscheiden oder unterzugehen. Besonders die islamischen Staaten setzten sich von der westlichen Ideologie durch eine starke Betonung traditioneller Werte ab, was in den USA auf zunehmendes Missfallen stieß. Während des Kalten Krieges, als der Sudan strategische Bedeutung besaß, zeigten sich die USA sehr tolerant gegenüber einem zunehmenden Fundamentalismus im Land. So führte Anfang der 80er Jahre der damalige Diktator Numeiri die Sharia als für alle Bewohner des Landes bindend ein, ohne auf internationalen Widerspruch zu stoßen. Nachdem Präsident Bashir 1989 an die Macht kam, wurde diese strenge Anwendung relativiert und durfte nicht mehr auf Nicht-Moslems angewandt werden.[134] Doch der Westen begann nun sich den Aufständischen im Süden zuzuwenden. Der Verlust seiner ehemaligen Verbündeten ermöglichte China dagegen die Annäherung an die Zentralregierung und da erstens ein Machtwechsel stattgefunden hatte und zweitens der Bürgerkrieg bis Mitte der 90er Jahre mehr die Form eines „low intensity conflicts" hatte, gelang dies sehr gut. Der Sudan, welcher sich zunehmend in eine Frontstellung gegen die USA gezwungen sah, suchte nach neuen Verbündeten, und China und der Iran schienen die ehrlichsten Makler zu sein; d. h. diejenigen, welche sich am wenigsten in seine inneren Angelegenheiten einmischen bzw. einen Systemwechsel herbeizuführen trachteten.

---

133 Goodman: China invests heavily in Sudan's Oil Industry. http://www.energybulletin.net/3753.html, gesehen am 18.07.2005

134 Scholl-Latour: Afrikanische Totenklage, S. 211

Dieses Bündnis wurde durch die politischen und wirtschaftlichen Ereignisse wie die Bombardierung einer pharmazeutischen Fabrik in Khartum[135], die Ölfunde, sowie die Krise in Darfur beschleunigt und gefestigt. Mitte der 90er Jahre lieferte China vor allem Waffen an den Sudan, doch gegen Ende des Jahrtausends ist die wirtschaftliche Zusammenarbeit der entscheidende Pfeiler der gegenseitigen Beziehungen geworden, so dass sich China zum stärksten internationalen Partner des Landes entwickelt.

c) Mögliche Interessenskonflikte oder Kooperationen mit anderen Großmächten

Wie bereits angedeutet wurde, besteht die Hauptkonkurrenz Chinas im Sudan ebenfalls aus den USA, wobei diese das Land aufgrund seiner starken islamischen Ausrichtung jedoch niemals eindeutig in ihre Interessenssphäre integrieren konnten.

Um die Konkurrenzsituation durch die USA besser zu verstehen, muss man deren Generalplanung für Zentralafrika nach dem Kalten Krieg begreifen. Präsident Clinton begann damals, das nilotische Volk der Tutsi als Hauptpartner amerikanischer Interessensvertretung aufzubauen. Dieses Volk formte die traditionelle Herrenschicht in Uganda, Ruanda und Burundi, war jedoch aufgrund seiner numerischen Unterlegenheit gegenüber der Bantu-Bevölkerung in zunehmend auf Mehrheitsentscheidungen ausgerichteten Systemen unterlegen. Durch die Unterstützung der USA gelang es ihnen, ihre Macht in den drei oben genannten Ländern zu erhalten bzw. zurückzugewinnen und halfen damit gleichzeitig den USA, Frankreichs Einflusssphäre zurückzudrängen.[136] Mit ihrer Hilfe gelang es sogar den wegen seiner strategischen Rohstoffe wichtigen Kongo den Europäern zu entreißen. Doch damit begannen die Probleme. Der ehemalige Kommunist Kabila, welcher zum Nachfolger des Diktators Mobutu berufen wurde, entpuppte sich als Nationalist, welcher nicht daran dachte, den USA freien Zugang zu den Rohstoffen des Kongo zu gewähren. Nach seiner Ermordung brach ein Krieg um den Kongo aus, der trotz seiner offiziellen Beendigung immer noch von ständigen Raubzügen der ruandischen Armee in die rohstoffreichen Regionen des Ostkongo gekennzeichnet ist.

Die „Clintonboys"[137] erwiesen sich auch im Sudan als für Washington nur schwer kontrollierbar. 1997 erklärten die USA den Sudan als zum Reich des Bösen gehörig und ihr verbündeter Uganda ging, gestützt durch amerikanische und israelische Hilfe, mit seinem Heer dazu über, die SPLA Garangs offensiv zu unterstützen. Mit den schweren Waffen aus Uganda gelang es Garang den Südsudan weitgehend zu erobern. Khartum, welches sich auch im Osten durch von Äthiopien und Eritrea unterstützte Aufstandsbewegungen bedroht sah, schien kurz vor einem militärischen Zusammenbruch zu stehen. Doch die Lieferung gewaltigen Kriegsmaterials führte dazu, dass Uganda begann, seine Offensive in den gewinnbringenden Kongo zu verlegen und Äthiopien und Eritrea sich plötzlich

---

135 Durch die USA

136 Scholl-Latour: Afrikanische Totenklage, S. 90

137 Allgemeine Bezeichnung für die Tutsiführer, welche in Uganda, Ruanda und Burundi durch Bill Clinton an die Macht kamen.

einen mörderischen Krieg um einen kleinen Streifen Land ohne jedwede strategische Bedeutung lieferten. Die Ostafrikastrategie Washingtons war gescheitert und man ging zu einer weniger aggressiven Politik über.[138]

Nachdem der Krieg im Süden des Landes ohne größere Frontveränderungen vor sich hinplätscherte und die SPLA durch Abspaltungen geschwächt war, schlossen die beiden Kriegsparteien am 31.12. 2004 Frieden. Der Südsudan wurde für sechs Jahre eine autonome Provinz und „General" Garang Vizepräsident. Die Einkünfte aus den Ölgeschäften werden unter den Parteien geteilt.[139] Ob dieser Friede jedoch von Dauer ist oder nur ein kurzes Atemholen, ist die große Frage.[140] Denn noch entscheidet Khartum alleine über die Vergabe der Schürfkonzessionen und die meisten Verträge laufen noch weit über das Jahr 2011 hinaus. Nach 2010 bekäme jedoch, nach dem jetzigen Abkommen, die südsudanesische Verwaltung den Besitz der Ölquellen übertragen. Doch die Lage ist für China trotzdem relativ gut, zum einen gibt es noch alte Beziehungen zur SPLA, welche man reaktivieren kann, zum anderen ist die gesamte Transportinfrastruktur auf die Pipelines nach Port Sudan ausgelegt. Eine alternative Route über Kenia wäre sehr teuer und politisch problematisch. Und zu guter Letzt arbeitet die Zeit für China und Khartum; die südsudanesische Bewegung verzettelt sich in Fraktionskämpfe und die „Clintonboys" verbrauchen ihre modernen Kriegswaffen im Dschungel des Kongo. Währenddessen erholt sich Khartum durch die wachsende Wirtschaft und Chinas weltweiter Einfluss wächst stetig. Dagegen werden die USA zunehmend im Irak und durch andere aufbrechende Konfliktfelder gebunden.

So ist China im Sudan mittelfristig sehr gut positioniert, da es sowohl mit beiden Konfliktparteien handelseinig werden kann, als auch für die sudanesische Wirtschaft unentbehrlich geworden ist. Zusätzlich ist es auch ein Machtfaktor am Boden geworden, da es in Afrika üblich ist, Förderanlagen von eigenen, gut ausgebildeten und ausgerüsteten Söldnern bewachen zu lassen. Und es ist durchaus nicht unwahrscheinlich, dass das Gerücht von 5000 chinesischen Soldaten, welche mit dem Objekt- und Pipelineschutz betraut sind, einen wahren Kern hat.[141] Tatsache ist auf jeden Fall, dass die chinesischen Förderanlagen und die Pipelines von den um sie herum tobenden Kriegsgeschehen unbetroffen geblieben sind.

So hat es China geschafft, den Sudan, wenn nicht in seine Interessensphäre einzugliedern, denn doch ihn dieser zu nähern und die anderen Mächte, wie die USA und Frankreich, außen vor zu lassen.

---

138 Scholl-Latour: Afrikanische Totenklage, S. 193

139 The Economist, When the time comes to Stopp killing, 08.01.2005, S. 41

140 Am 30.07.2005 starb Vizepräsident Garang bei einem Hubschrauberabsturz, was zu Unruhen in Karthum und Angst vor einem Auseinanderfallen der SPLA führte. jiurenfuzongtonggangsanzhou sudanqianfanzhengfujunlingdaoren jihuirenwang (Der regierungskritische sudanesische Vizepräsident verunglückt nach nur drei Wochen im Amt), http://news.xinhuanet.com/world/2005-08/02/content_3298071.htm, gesehen am 02.08.2005

141 Scholl-Latour: Afrikanische Totenklage, S. 194

3.3. Die wichtigsten geopolitischen Konkurrenten Chinas

Nachdem nun der Wettbewerb der Großmächte um die erdölexportierenden (Klein-)[142] Staaten betrachtet wurde, soll ein direkter Vergleich der VR China mit ihren beiden bedeutendsten Konkurrenten, der Mittelmacht Japan und der Großmacht USA, zeigen, inwieweit der chinesische Energiebedarf das Verhältnis der VR zu diesen unterschiedlichen Mächten beeinflusst hat und beeinflussen wird.

➤ **Japan – zwischen den Gezeiten treibend**

Die Abhängigkeit Japans von Ressourcenimporten aus dem Ausland ist bereits legendär, seit sie das Land 1941 zwangen, gegen die USA offensiv zu werden.

Heute ist Japan neben den USA das Land mit dem höchsten Pro-Kopf-Verbrauch an Rohöl.[143] Der Konsum erreichte seinen vorläufigen Höhepunkt mit 5.813.000 Barrel/d im Jahr 1996; anschließend begann das Volumen aufgrund einer gesteigerten Energieeffizienz und der Wirtschaftskrise abzuflachen. Trotz eines sehr ambitionierten Ölerschließungsplans in den 90er Jahren, mit dem Ziel im Jahr 2000 1,2 Mio. bbl/d zu fördern, konnten 2001 nur 0,47 Mio. bbl/d erreicht werden, was 11,5 % des japanischen Importbedarfs ausmachte.[144]

Jahr	1993	1994	1995	1996	1997	1998	1999	2000	2001	2002	2003
1000 bbl/Tag	5441	5746	5784	5813	5762	5525	5618	5577	5435	5359	5451

Tab. 6: Japans Rohölverbrauch 1993–2003

Quelle: Erstellt nach Daten aus: BP – Energy in Focus. Statistical Review of World Energy June 2004

Somit bleibt der Import weiter von vorrangiger Bedeutung für Japan. Die Regierung Koizumi versuchte durch eine weitere Steigerung der Energieeffizienz und eine verstärkte Investitionspolitik in alternative Energiequellen, wie z. B. Windkraft, den Verbrauch zu drücken, was jedoch nach einem erneuten Anstieg im Jahr 2003 fehlschlug. Es ist kaum zu erwarten, dass der Ölbedarf mittelfristig unter 5 Mio. Barrel pro Jahr gesenkt werden kann, aber auch, dass er auch nicht mehr signifikant ansteigen wird. So wird in Japan damit gerechnet, dass der Energieverbrauch ab dem Jahr 2021, verursacht durch den Bevölkerungsrückgang und die Verlagerung energieintensiver Produktion ins Ausland, langfristig sinken wird.[145]

---

142 „Klein" im internationalen Mächtesystem

143 BP – Energy in Focus, S.09

144 IEA: Energy Policies of IEA Countries: Japan 2003 Review, S.61

145 Ministry of Economy, Trade and Industry Government of Japan: The Outlook for Energy Supply and Demand in 2030, http://www.iea.org/textbase/papers/roundtable_slt/slt_japan.pdf, gesehen am 05.08.2005

Dies bedeutet zwar, dass Japan nicht mehr gezwungen ist, neue Kapazitäten zu erwerben, doch muss es seinen weiterhin hohen Verbrauch decken. Zusätzlich strebt es danach, den Focus seiner Energiegewinnung zurück nach Ostasien zu legen. Dies kann besonders im Bereich der untermeerischen Ölvorkommen an der Grenze seiner Hoheitsgewässer zu China problematisch werden.

1. Stärken und Schwächen der japanischen Mittelmacht

Legen wir die Klassifikation von Großmächten anhand ihrer militärischen, wirtschaftlichen und politischen Attraktivität an, sehen wir, dass Japan zwar wirtschaftlich weit stärker als früher ist, dass es aber zu einer militärischen oder politischen Machtprojektion auf internationaler Ebene kaum in der Lage ist.[146]

Die Liquidität der japanischen Wirtschaft und der sichere und kontinuierliche Bedarf an Rohöl sind die stärksten Verhandlungsposten der Regierung mit Erdöl exportierenden Staaten. Allerdings sind diese nicht nur an starken Absatzmärkten interessiert, sondern versprechen sich von guten Lieferbeziehungen zu anderen Ländern auch militärischen und politischen Beistand.

Politisch ist Japan unattraktiv, da es von den meisten Staaten immer noch als eine Art Protektorat der USA wahrgenommen wird[147] und sich in allen internationalen Streitfragen auf deren Seite schlägt.

Militärisch liegt der Sachverhalt ähnlich, da Japan zwar über eine starke Kriegsmarine verfügt, welche jedoch nur im regionalen Maßstab von einem gewissen Interesse ist. Als Exporteur von Rüstungsgüter spielt Japan keine Rolle und ohne einen entsprechenden politischen Willen wird es im amerikanisch vorgegebenen Sicherheitssystem verbleiben.

2. Die bedeutendsten Spannungsfelder zwischen Japan und China

a) Streit um Öl- und Erdgasquellen im Küstenvorfeld

Die Krise um die Öl- und Erdgasquellen im Ostchinesischen Meer speist sich aus zwei Hauptströmen. Zum einen hat die Unterzeichnung der neuen UN Konvention über die Ausweitungen der Wirtschaftszonen zur See auf 200 Nautische Meilen zu einer Überlappung der chinesischen und japanischen Zonen geführt. Hierbei wird die Frage der Demarkierung noch durch die Definition des Festlandsschelfs und des zweifelhaften Status der Diaoyu/Senkaku Inseln erschwert.[148] Zum anderen hat der wachsende Energiebedarf

---

146 The Economist, From pacifism to populism, 10.06.2004, S. 22f.

147 Brzezinski: Die einzige Weltmacht, S. 49

148 Die UN hat sich vorgenommen bis 2009 eine Entscheidung über den Status des umstrittenen Gebietes zu fällen.

Chinas (Nr. 2 im weltweiten Ölverbrauch) und Japans (Nr. 3), sowie die steigenden Ölpreise die Erschließung der unterseeischen Quellen zunehmend attraktiv gemacht.[149]

Nachdem aufgrund der nicht definierten Demarkationslinie beide Seiten jahrzehntelang von einer Erschließung der Bodenschätze absahen, erteilte China, getrieben von Energieengpässen besonders bei der Stromversorgung im Großraum Schanghai, im August 2003 mehreren Ölkonzernen, darunter CNOOC, Unocal und Royal-Dutch/Shell die Erlaubnis, mit der Erschließung von Erdgasquellen im unumstrittenen chinesischen Sektor zu beginnen.[150] Außerdem wurde im August 2004 mit dem Bau einer untermeerischen Pipeline begonnen um das Gasfeld von Chunxiao mit der Provinz Zhejiang (und Schanghai) zu verbinden.[151] China machte Japan den Kompromissvorschlag, das umstrittene Territorium gemeinsam zu erschließen, was jedoch von der japanischen Regierung nicht akzeptiert wurde.

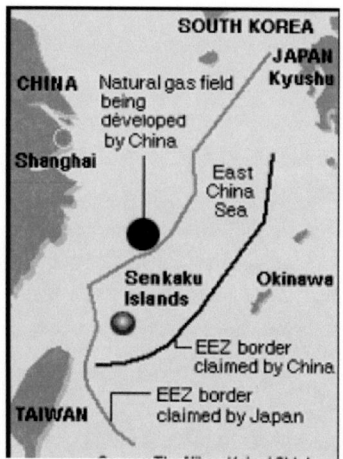

Abb. 12: Grenzstreit im Ostchinesischen Meer

Quelle: Nihin Keizai Shinbun in Asia Times: Gas an Oil rivalry in the East-China Sea

Japan fühlte sich nun auf zweierlei Art bedroht: Einerseits verdächtigte es China, da es trotz einer Aufforderung keine genauen Angaben über den Stand der Explorationsarbeiten erhielt, das Gebiet für den Fall eines U-Bootkrieges zu erforschen, und zum anderen

149 Takahashi: Gas and Oil rivalry in the East China Sea, www.atimes.com/atimes/Japan/FG27Dh03.html, gesehen am 06.08.2005

150 Takahashi: Gas and Oil rivalry in the East China Sea, www.atimes.com/atimes/Japan/FG27Dh03.html, gesehen am 06.08.2005

151 Alexander's Gas and Oil Connections: China is building pipeline to disputed gas field in East China Sea, http://www.gasandoil.com/goc/news/nts43820.htm, gesehen am 07.06.2005

unterstellte es ihm, dass es durch seine Bohrungen an der Grenzlinie auch die im umstrittenen Bereich gelegenen Felder anbohren würde.[152]

Die japanische Regierung begann nun am 7. Juni 2005, nach Ablehnung des chinesischen Vorschlags zur gemeinsamen Nutzung des Gebiets, durch den Teikoku Ölkonzern mit der Erschließung von Öl- und Erdgasvorkommen, wogegen die VR China auf das schärfste protestierte.[153]

Aufgrund der angespannten Situation wegen des Streits um Japans Verantwortung für Ausschreitungen während des chinesisch-japanischen Krieges (1937–1945) stellt der Konflikt um das unilaterale Vorgehen Japans im, als chinesisches Hoheitsgebiet deklarierten Territorium, eine zusätzliche Belastung der Beziehungen dar. Besonders auch deswegen, da der Konflikt um den russischen Pipelinebau in Sibirien diese noch zusätzlich belastet.

b) Streit um Pipelineprojekt in Russland

Der mit Abstand bedeutendste Konflikt zwischen China und Japan findet um den Bau einer gewaltigen Pipeline (Volumen 20–30 Mio. t/Jahr) von den Ölfeldern Ostsibiriens nach Daqing bzw. Nachodka statt. Dabei hofft China, mit dem Bau der Leitung bis zu 30 % seines jetzigen (2004) Bedarfs zu sichern und gleichzeitig Daqing zu einem Zentrum für Erdölraffinerie zu entwickeln.[154]

Demgegenüber stehen die japanischen Pläne, den Bau der Pipeline an die Pazifikküste zu fördern, von wo aus das Öl direkt nach Japan oder auch auf andere internationale Märkte verschifft werden könnte.

Dafür bot Japan einen fast zinsfreien Kredit in Höhe von 12 Mrd. USD (die Pipeline nach Nachodka kostet 5 Mrd. USD mehr als nach Daqing) und Russland erklärte im August 2004, es werde das japanische Angebot annehmen.

Dabei wirken sich zwei Hauptgründe negativ für die Route nach Daqing aus. Zum einen ist es im ureigensten Interesse Russlands, die Pipeline über das eigene Territorium laufen zu lassen, um die Kontrolle über sie zu behalten und gleichzeitig noch den Fernen Osten weiter zu erschließen. Zum anderen wurde die Chinaoption in Russland vor allem durch den Ölkonzern Yukos verfolgt, dessen Generaldirektor Chodorkovsky 2004 wegen Steuerhinterziehung verhaftet wurde.

---

152 Takahashi: Gas and Oil rivalry in the East China Sea, www.atimes.com/atimes/Japan/FG27Dh03.html, gesehen am 06.08.2005

153 ribenyunxuminqikaifadonghaiziyuan yizaiqianzhizhongguo (Japan erlaubt einer privaten Firma die Energiereserven im Ostchinesischen Meer zu erschließen um auf China Druck auszuüben), http://news.xinhuanet.com/world/2005-04/15/content_2832057.htm, gesehen am 29.05.2005

154 The Economist, In the pipeline, 13.11.2004, S. 36

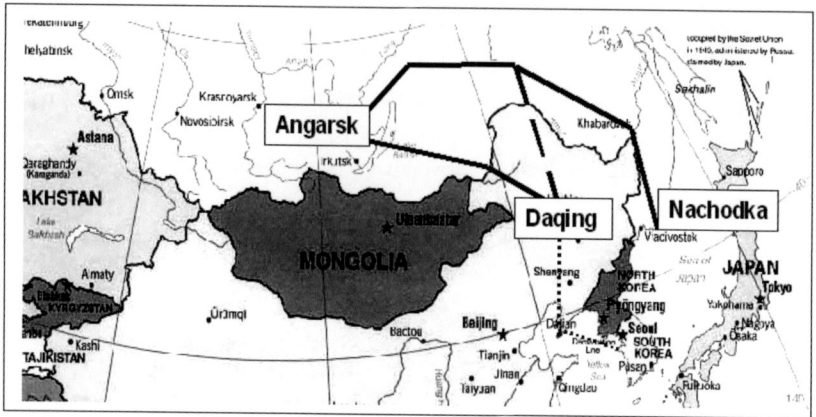

Abb. 13: Geplante Pipelinerouten in Ostsibirien

Quelle: CIA Worldfactbook 2005 sowie Daten aus The Economist, In the Pipeline (13.11.2004, S. 36) in eigener Darstellung

Noch ist das Tauziehen jedoch nicht vorbei. Aufgrund der Schaffung der politischen Achse Moskau-Peking hat Präsident Putin im Juli 2005 erklärt, es werde den Rohöllieferungen nach China absolute Priorität einräumen[155]. In der ersten Bauphase soll die Leitung bis zum nördlichsten Punkt der Strecke (nahe Skovorodino) geführt werden, was Russland immer noch die Möglichkeit gibt, das Ende alternativ nach Daqing zu führen. Putin sagte, dass er den Weiterbau der Strecke von der Erschließung und Produktivität neuer Ölquellen in Ostsibirien abhängig machen wird und sicherte China von 2005 an die Lieferung von 20 Mio. t/Jahr zu, während, zur Beruhigung Japans, ca. 10 Mio. t/Jahr per Zug an die Pazifikküste[156] transportiert werden sollen.

Diese Wendung provozierte Japan zu der Aussage, dass es seine finanzielle Unterstützung für das Projekt einstellen würde, falls die Aussichten auf die Transporte zur Pazifikküste weiter zurückgehen würden.

So haben diese beiden Streitfälle, verursacht durch den starken Ölverbrauch Chinas und Japans, zu einer Störung der beiderseitigen Beziehungen geführt, welche den Graben zwischen beiden Ländern vertieft und Japan, aus Angst vor der zunehmenden Konkurrenz und Macht Chinas, wieder stärker und bedingungsloser an die Seite der USA bindet. Dieser Prozess wird noch dadurch verstärkt, dass Japan sich noch nicht entschieden hat, ob es wieder seinen eigenen Weg gehen will – z. B. als eine „ozeanische Zivilisation"[157], sich wieder an den chinesischen Kulturkreis annähern will – wie die längste Zeit seiner

---

155 Putin opts for China-First oil plan, Japan and India relegated, http://www.russiajournal.com/news/ cnews-article.shtml?nd=48534, gesehen am 05.08.2005

156 China Peoples Daily, o. V.: Russia Prioritizes China over Japan, http://english1.people.com.cn/ 200507/15/eng20050715_196314.html, gesehen am 20.07.2005

157 Kobayashi: A New Profile for Japan, http://www.glocom.org/opinions/essays/20040621_kobayashi_ new/index.html, gesehen am 04.08.2005

Geschichte über, oder doch der Vorposten Amerikas in Ostasien bleiben will. Diese Un-entschlossenheit und der Gang der Ereignisse ketten nun Japan zunehmend auf nolens volens an die USA.

Für China dagegen besteht das Dilemma darin, dass, je mehr es versucht, seine eigene Energiesicherheit zu bewahren, desto mehr verhindert es eine japanisch-chinesische Annäherung, und stärkt damit die Position Amerikas in Ostasien.

> **Die Vereinigten Staaten von Nordamerika**

Der bedeutendste und mächtigste Spieler auf dem Weltölmarkt sind mit Abstand die Vereinigten Staaten von Nordamerika. Das liegt daran, dass sie über lange Jahrzehnte formgebend für den Markt waren und ihn nach ihren Bedürfnissen ausrichten konnten (so z. B. der Handel von Rohöl nur in USD). Begründet wird dies damit, dass das amerikanische Wirtschaftssystem auf ein ständiges Wachstum[158] angewiesen ist und dieses Wachstum nur durch günstigste Energiepreise aufrecht zu erhalten ist. Über viele Jahrzehnte waren die USA relativ unabhängig von fremdem Öl, erst nach dem Produktionspeak Anfang der 70er Jahre und dem steigendem Eigenkonsum wurde der Zugang zu diesen Quellen und den Förderländern zu einer allgemein akzeptierten geostrategischen Notwendigkeit für die politischen Eliten Nordamerikas.

Jahr	1993	1995	1997	1999	2001	2003
Produktion (1000 bbl/Tag)	8583	8322	8269	7731	7669	7454
Verbrauch (1000 bbl/Tag)	17236	17725	18621	19519	19649	20071
Saldo (1000 bbl/Tag)	-8653	-9403	-10352	-11788	-11980	-12617

Tab. 7: Ölproduktion und Verbrauch der USA 1993–2003

Quelle: Erstellt nach Daten aus: BP – Energy in Focus. Statistical Review of World Energy June 2004 und eigenen Berechnungen

Die Frage der Energieversorgung wurde gegen Ende der 90er Jahre und dem Beginn des 21. Jahrhunderts immer dringender, als zum einen die leicht zu erschließenden Neufunde nachließen, zum anderen der eigene Verbrauch immer mehr wuchs, und zum dritten, neue Spieler in Form der VR China und Indiens auf den knapper werdenden Markt zu drängen begannen. Die gezielte militärische und politische Sicherung von Ölexporteuren begann schon während der Ära von Präsident Bush sr., setzte aber in vollem Umfang erst unter seinen Nachfolgern Clinton und besonders G.W. Bush ein. Führende Posten in der

---

158 Was an sich schon ein absurdum ist, wegen der begrenzten Ressourcen, siehe Sieren: Der China Code, S. 34

Regierung werden von Leuten mit einem energiepolitischen Hintergrund besetzt; so z. B. die ehem. Sicherheitsberaterin und jetzige Außenministerin Condoleezza Rice (Chevron), Vizepräsident Dick Cheney (Halliburten) und der Präsident selbst (Harken Energy).[159]

Besonders Dick Cheney war dafür zuständig, die amerikanische Geostrategie zur Sicherung der Ölversorgung im 21. Jahrhundert zu entwickeln. Dafür wurde unmittelbar nach dem Amtsantritt der neuen Regierung die „US National Energy Policy Development Group" (NEPDG) geschaffen.[160] Im Mai 2001 führte Cheney aus, dass: „Amerika sich im Jahr 2001 der schwerwiegendsten Energiekrise seit dem Ölembargo Anfang der 70er Jahre gegenübersieht. Schätzungen legen nahe, dass über die nächsten 20 Jahre der amerikanische Ölverbrauch um 33 % steigen wird, der Erdgasverbrauch um über 50 % und der Bedarf an Elektrizität um 45 %. (...) Aber heute produzieren wir 39 % weniger Öl als 1970, was uns immer abhängiger von ausländischen Versorgern macht. Wenn wir so weitermachen, wird Amerika in 20 Jahren zwei von drei Fass Rohöl importieren, eine Bedingung, welche uns immer abhängiger von fremden Mächten macht, welchen nicht immer die Interessen Amerikas am Herzen liegen."[161]

Aus den von der NEPDG publizierten Materialien, sowie aus der bisherigen amerikanischen Außenpolitik, lässt sich ein sicherheitspolitisches Muster ablesen, welches im Gegensatz zur Vergangenheit, wo man es als ausreichend ansah, stabile Lieferbeziehungen zu Förderländern (und Pipelinetransitländern) zu entwickeln, man jetzt dazu übergegangen ist, bevorzugt eigene Regime zu installieren (Georgien, Ukraine, Irak, Sao Tome usw.) bzw. durch eine eigene Militärpräsenz Länder und Regionen zu sichern (Irak, Afghanistan, Tadschikistan usw.).[162]

Diese aggressivere Ressourcensicherungspolitik betrifft China in den besonders schweren Fällen wie Zentralasien, dem Sudan[163] und möglicherweise dem Iran. Sollte die amerikanische Politik erfolgreich sein, würde das bedeuten, dass die chinesische Rohölversorgung zunehmend teurer und schwieriger werden würde, was direkte Auswirkungen auf die wirtschaftliche und damit gesellschaftliche Stabilität Chinas hätte.

---

159 Engdahl: Revolution, geopolitics and pipelines, www.atimes.com/atimes/Global_Economy/ GF30Dj01.html, gesehen am 08.08.2005

160 Der Abschlussbericht der NEPDG wurde unter Bruch der Verfassung, selbst vor dem Senat und dem Repräsentantenhaus geheim gehalten, doch gelang es nach einem langwierigen Rechtsstreit, einige Dokumente veröffentlichen zu lassen. http://www.judicialwatch.org/printer_cheneycase.shtml, gesehen am 01.08.2005

161 The White House: Reliable, Affordable, and Environmentally Sound Energy for America's Future, www.whitehouse.gov/energy/Overview.pdf, gesehen am 13.06.2005

162 Engdahl: Revolution, geopolitics and pipelines, www.atimes.com/atimes/Global_Economy/ GF30Dj01.html, gesehen am 08.08.2005

163 Der Spiegel, 25.07.2005, Ab nach Darfur, S. 13. Die USA setzen die deutsche Regierung unter Druck, Truppen in den Sudan (Darfur) zu entsenden. Der deutsche Verteidigungsminister sträubt sich noch, da vermutet wird, dass die USA nur an der Sicherung der dortigen Ölvorkommen interessiert sind.

Wirtschaftlich sind die USA für die meisten Förderländer höchst attraktiv. Zum einen bieten sie einen ständig wachsenden Absatzmarkt, zum anderen Zugang zu technologisch hochwertiger Technik und außerdem macht der Handel des Öls in USD Investitionen auf dem amerikanischen Markt besonders interessant.

Politisch waren die USA über lange Jahrzehnte ebenfalls sehr attraktiv, da sie Schutz vor kommunistischen Umstürzen boten und viele Völker, besonders in der westlichen Hemisphäre, vom amerikanischen Demokratiemodel angesprochen wurden. Dies hat sich nun weitgehend gewandelt, da die meisten Regierungen fürchten müssen, durch amerikahörige Regime ersetzt zu werden bzw. von der amerikanischen Machtpolitik abgestoßen werden.

Das Angebot militärischen Schutzes für ein Regime oder Land ist immer noch einer der größten Verhandlungsvorteile der USA, da amerikanischer Schutz bedeutet, dass man vor jedweder fremder Aggression gefeit ist; allerdings nur solange, als man sich den USA gegenüber politisch wohl verhält.

Zusammenfassend lässt sich sagen, dass die Attraktivität der USA als politischer Partner zurückgegangen ist, da aufgrund der rigorosen Machtpolitik, die kleinste Abweichung von der Linie Washingtons oder die stärkere Rücksichtnahme auf nationale politische und wirtschaftliche Belange sofort eine politische oder militärische Intervention nach sich ziehen kann.

2. Die bedeutendsten Spannungsfelder zwischen den USA und China

a) Weltweite Konkurrenz um die Ölförderländer

Betrachtet man die Orte, an welchen amerikanische und chinesische Energieinteressen sich überschneiden, so sieht man, dass davon mittlerweile alle bedeutenden Rohölproduzenten und Regionen der Welt erfasst sind. Das friedliche nebeneinander amerikanischer und chinesischer Geostrategie ist dabei Seltenheit geworden- durch die einseitige US-Interventionspolitik und Einflussnahme fürchtet China in zunehmendem Maße, von preiswerten Rohölimporten abgeschnitten zu werden. Dies zeigt sich in einem besonders schweren Fall im Irak, wo die USA, ohne eine Ausschreibung, die gesamte irakische Erdölinfrastruktur an D.Cheneys ehemalige Firma Halliburton vergeben ließen[164]. Auch ist zu erwarten, dass die von den USA eingesetzte Regierung diesen den Vorzug beim Abschluss von Lieferverträgen geben werden, was bei den großen Reserven des Landes für die übrigen Nationen der Welt umso schmerzhafter sein dürfte.

Auf der anderen Seite nutzte China die Stigmatisierung bestimmter Länder durch die USA (wie z. B. den Irak, Iran, Sudan, aber auch Venezuela) dazu, um mit diesen Ländern

---

164 Ichniowski: KBR, Parsons Win Big Corps Contracts to Rebuild Iraq Oil Infrastructure, http://www.construction.com/NewsCenter/Headlines/ENR/20040120a.asp, gesehen am 13.08.2005

günstige Lieferabkommen zu schließen, bzw. um Schürfkonzessionen zu erwerben[165]. Diese Länder hoffen mit chinesischem Schutz einer Aggression durch die USA zu entgehen. Besonders im Iran und im Sudan treffen die beiden Seiten momentan (2005) stark aufeinander, wobei die USA die Unruhen in Darfur und den Streit um das iranische Atomprogramm für ihre Ziele zu instrumentalisieren versuchen, während China sich bemüht, eine friedliche, d. h. nicht-interventionistische Lösung des Streits zu erreichen. China kann dabei kaum zurückweichen ohne einen Großteil seiner Energieinteressen und sein internationales Prestige (politische Attraktivität als Schutzmacht) preiszugeben. Der Wettkampf hat bereits derart harte Züge angenommen, dass die amerikanische Regierung sich bereits bemüht, die chinesische Beteiligung an der Erschließung kanadischer Teersandvorkommen[166] so gering wie möglich zu halten, obwohl Öl aus Teersand zum heutigen Zeitpunkt, aufgrund der hohen Extraktionskosten, noch unrentabel ist.[167]

b) Der Kampf um die Konzerne und Infrastruktur

Neben dem politischen Kampf um die Förderländer wird nun zunehmend auch an einer anderen Front um die Ölkonzerne, die „Werkzeuge" für den Zugang zum Öl gerungen. Dass China daran interessiert ist, seine nationalen Konzerne vor einer Übernahme durch ausländische zu bewahren, wurde bereits angesprochen. Nun hat es sich aber in der Übernahmeschlacht zwischen CNOOC und Chevron um Unocal gezeigt, dass die USA im Ernstfall genauso protektionistisch handeln wie die VR.

Die Übernahme von Unocal ist beispielgebend für diese andere Art der Konfrontation; sie stockt nicht nur die schwindenden Erdöl- und Erdgasreserven von Chevron wieder auf, sondern behält auch Schürfkonzessionen in Thailand, Indonesien, dem Golf von Mexiko und am Kaspischen Meer in amerikanischer Hand.[168] Außerdem bleibt das Mittelstück der Unocal-Pipeline von Zentralasien über Afghanistan nach Pakistan (und Indien?)[169] unter US-Kontrolle, wobei China bereits an deren vorläufigen Endpunkt in Gwadar den Hochseehafen unter seinem Einfluss hat.[170]

Mitte Juni 2005 überbot CNOOC das Chevron Angebot und löste damit sofort eine heftige Pressekampagne in den USA aus. Die amerikanische Regierung brachte nun die An-

---

165 Luft: Fueling the dragon, http://www.iags.org/china.htm, gesehen am 02.09.2005

166 Teersand ist ein ölhaltiger Sand welcher im Tagebau gewonnen wird und aus dem unter großem Energieaufwand Öl gewonnen wird. Gegenwärtig gelten die kanadischen Vorkommen als die größten weltweit.

167 Snow Lauds Canada's Oil Sands Projects, http://www.forbes.com/associatedpress/feeds/ap/2005/07/09/ap2130349.html, gesehen am 10.08.2005

168 Blum: Unocal's Assets Offer Chevron a Near-Term Boost, http://www.washingtonpost.com/wp-dyn/content/article/2005/07/21/AR2005072102069.html, gesehen am 10.08.2005

169 Die Unocal-Pipeline wurde ursprünglich geplant, um das gewaltige Enron-Elektrizitätswerk in Dabhol (bis dahin größtes ausländisches FDI Projekt in Indien) mit Erdgas aus Zentralasien zu versorgen. Siehe Callari: Energy Interests, The Us Government, And The Post-Taliban Trans-Afghan Pipeline http://www.kiddmillennium.com/Trans-Afghanpipeline.htm, gesehen am 12.08.2005

170 Hoelzgen: Warum China am Arabischen Meer einen Hafen baut, http://www.spiegel.de/politik/ausland/0,1518,327534,00.html, gesehen am 12.11.2004

sicht ins Spiel, dass eine ausländische Übernahme eine Gefahr für die „nationale Sicherheit" darstelle- einen Punkt, den sie z. B. auch beim Versuch des Einkaufs der Deutschen Bank in den amerikanischen Bankenmarkt, Ende der 80er Jahre, geltend machte und welcher für ausländische Firmen unüberwindbar ist. CNOOC zog aus Protest gegen die politische Einflussnahme sein Gebot schließlich zurück.[171] Diese Übernahmeschlacht lässt Spannungen und Verunsicherungen auf beiden Seiten zurück und zeigt deutlich auf, inwieweit selbst große Wirtschaftskonzerne auf die Unterstützung von Großstaaten angewiesen sind.

3.4. Zwischenfazit

➤ **Zu den Fallstudien**

Betrachtet man die drei Fallstudien, unter Berücksichtigung ihrer unterschiedlichen Einbindungen in bestehende Interessensphären, muss man der VR China zugestehen, dass sie auf den ersten Blick äußerst erfolgreich in der Diversifizierung ihrer Ölimporte und deren Sicherung war. Tatsächlich muss man diesen Punkt jedoch etwas differenzieren.

Im Fall Saudi-Arabiens hat es China geschafft, große Importkontingente von Amerikas wichtigstem Versorger zu erhalten. Auch mag China der saudischen Regierung, wegen seiner politischen Nichteinmischungsdoktrin sympathischer sein als die USA, doch ist es China bisher nicht gelungen das enge saudisch-amerikanische Verhältnis aufzubrechen. Die politischen Bindungen zwischen der Königsfamilie und großen amerikanischen Familien, die rein auf amerikanische Technologie ausgerichtete saudische Infrastruktur, sowie die gewaltigen Investitionen in US-Staatsanleihen und in Amerika selbst, sowie zu guter Letzt der unverzichtbare Schutz durch die US-Streitkräfte sind zu eng, als dass sie durch China zersprengt, bzw. ersetzt werden könnten.

In Zentralasien liegt die Situation dagegen anders. War die chinesische Politik im Laufe der 90er Jahre und im Hinblick auf die Schaffung der SCO noch reaktiv, vor allem zur Verhinderung eines Übergreifens von panislamischen Bewegungen auf Xinjiang gedacht, so hat sie im neuen Jahrtausend aktivere Züge bekommen. Der Vorstoß Amerikas, sowie die zunehmende Energieabhängigkeit haben China zu einem stärkeren wirtschaftlichen und politischen Engagement in der Region bewogen. Dabei hat es die chinesische Politik geschafft, mit dem von Europa zurückgestoßenen Russland zu einer engen politischen, wirtschaftlichen und militärischen Kooperation zu finden. Die Lösung, die Region in der russischen Einflusssphäre zu belassen, während man gleichzeitig den chinesischen Energieinteressen Priorität erteilt (da Russland energieunabhängig ist, war eine Einigung relativ leicht) hat beide Länder nun gemeinsam in die Lage versetzt, den amerikanischen Expansionsbestrebungen Einhalt zu gebieten. Allerdings hatte Zentralasien nach der Jahrtausendwende in der US-Politik einen Bedeutungsverlust erlitten, als immer deutlicher

---

171 Maidmet: Washingtons Politics Shock Chinese, http://www.forbes.com/2005/08/02/china-takeover-cnooc-cx_pm_0802chinaoil.html, gesehen am 04.08.2005

wurde, dass die tatsächlichen Ölvorkommen nur etwa 50 % der zunächst erwarteten darstellen. So wandten sich die USA wieder zunehmend der Golfregion zu, was es China und seinen Verbündeten erleichterte, den amerikanischen Einfluss langfristig wieder zurückzudrängen.

Im Sudan schließlich hat China die Stigmatisierung des Landes durch die USA genutzt, um seinen Ölkonzernen die Spitzenposition auf dem nationalen Ölmarkt zu sichern, was durch den vor allem von China bestrittenen Aufbau der Energieinfrastruktur, sowie dem Export des größten Teils des sudanesischen Öls in die VR untermauert wird.[172] China kam dabei zu Hilfe, dass es die nationale Souveränität des Sudan respektiert und sich besonders auch in den VN als Protektor des Landes vor fremden Interventionen hervortat. Allerdings ist China durch die groß angelegte amerikanische Pressekampagne im Zusammenhang mit den Unruhen in der Provinz Darfur in die Ecke gedrängt worden und könnte, ähnlich wie im Fall des Irak eine von den USA geförderte Invasion nicht verhindern. Dies zeigt sich momentan (2005) in der Frage der Entsendung einer Nato-Expeditionsstreitmacht nach Darfur, welcher sich China nur schwer in den Weg stellen könnte und was den Süden des Landes endgültig unter die Kontrolle der USA bringen, sowie eine konstante Bedrohung für den Rest des Landes darstellen würde.

> **Zu den Konkurrenten Chinas**

Das Verhältnis zwischen der VR China und Japan hat sich, besonders innerhalb des letzten Jahres, sehr verschlechtert. Das mag zum einen in der von China und Korea instrumentalisierten japanischen Kriegsvergangenheit liegen, zum anderen wurde das Verhältnis jedoch durch den lang anhaltenden Wettbewerb um den Bau der Ölpipeline von Sibirien und den Raum Diaoyu-/Senkaku-Inseln belastet. Dabei zeigt es sich, dass von japanischer Seite die Kompromissbereitschaft abnimmt – so z. B. bei der Ablehnung des chinesischen Angebots zur gemeinsamen Erschließung der im Meer gelegenen Erdöl- und Erdgasfelder. Dies mag daran liegen, dass es für Japan zunehmend schwerer wird, seinen großen Energiebedarf zu decken, da zum einen die Preise steigen und zum anderen traditionell bedeutende Versorger wie Indonesien ihren Produktionspeak überschritten haben.[173] Dabei ist die geopolitische Situation für Japan zunehmend ungünstig, da es durch die engen russisch-chinesischen, sowie die sich zunehmend verbessernden koreanisch-chinesischen Beziehungen, Gefahr läuft von der weiteren politischen Entwicklung auf dem asiatischen Festland abgeschnitten zu werden und ihm nur die Möglichkeit bleibt, sich auch weiterhin an die USA zu binden.

In den USA hat die Sicherung der Energieversorgung mit dem Beginn der zweiten Regierung Bush an Intensität zugenommen. Vizepräsident Dick Cheney hatte bereits als Chairman von Halliburton 1999 die Peakproblematik thematisiert (Speech to the IP Au-

---

172 Butt, Thirst for crude pulling China into Sudan, http://www.globalpolicy.org/security/issues/sudan/2004/0817chinaoil.htm, gesehen am 18.07.2005

173 Powers: Indonesia and Oman, http://www.energybulletin.net/1560.html, gesehen am 03.08.2005

tum Lunch, 15.11.1999) und als Vorsitzender der NEPDG die geostrategischen Schluss-folgerungen ausgearbeitet, wobei der Focus zunächst auf Zentralasien lag, dann aber zur Golfregion verschoben wurde. Dabei hat in der US-Politik das unilaterale Vorgehen, unter dem Vorwand eines „Kampfes gegen den Terror", zugenommen und die Nachwirkungen des Krieges gegen Afghanistan und den Irak waren, dass sich große Energiekonsumenten zunehmend von wichtigen Exportregionen abgeschnitten sahen, was diese dann zwang, sich verstärkt in anderen Regionen (im Falle Chinas z. B. im Iran, Sudan, Venezuela) zu engagieren. Doch ist nun mittlerweile ca. 59 % der chinesischen Rohöl-versorgung aus dem Ausland direkt oder indirekt durch amerikanische Eingriffe bedroht und ein weiteres chinesisches Ausweichen ist nicht mehr lange möglich.

Zweifelhaft		Gesichert		
Saudi-Arabien	20 %	Oman	16 %	
Iran	15 %	Russland	11 %	
Angola	15 %	Vietnam	5 %	
Sudan	5 %	Indonesien	4 %	
Kongo	4 %	Jemen	4 %	**Total:**
Summe	59 %		40 %	**99 %**

Tab. 8: Durch US-Eingriffe bedrohte chinesische Versorger

Quelle: Erstellt nach Daten aus: Logan: China scrambles for energy security
(http://www.iea.org/textbase/speech/2005/jl_csis.pdf, gesehen am 01.08.2005)

Auch bedroht die US-Politik nicht nur die Ressourcensicherung, sondern greift auch zunehmend in wirtschaftliche Abläufe ein, indem sie versucht, das Einkaufen von chinesischen Unternehmen in amerikanische Schlüsselindustrien und -betriebe zu verhindern – was die Glaubwürdigkeit der USA als Vorreiter eines liberalen Kapitalismus nicht gerade festigt und in China verständliche Friktionen heraufbeschwört. Die unilaterale US-Politik hat so dazu geführt, dass sich nun langsam auf beiden Seiten des Pazifiks ein Bedrohungsszenario mit Angst vor dem jeweils anderen entwickelt.

4. Ausblick

4.1. Dominanz von Großmächten und deren strategischer Sicherheitspolitik im internationalen System

Im Zuge dieser Untersuchung hat es sich gezeigt, dass bei der Erschließung von Erdölregionen und Förderländern die Staaten- oder besser die Großmächte- die entscheidenden Akteure geblieben, bzw. wieder geworden sind. Auf diesem geopolitischen Feld diktiert die Sicherheitspolitik den Großmächten ihr Handeln. Besonders nun, in Zeiten eines großen machtpolitischen Umbruchs auf der internationalen Ebene, haben multinationale Organisationen wie die VN und die OPEC einen Bedeutungsverlust erfahren müssen, da durch die Instabilität des Systems nicht mehr der Wille vorhanden ist, große Ressourcen zur Erhaltung dieser Institutionen einzusetzen[174], bzw. die Mächtekonstellation, welche sie schuf, sich keinen großen Nutzen mehr von ihnen verspricht[175]. Verstärkt wurde dieser Prozess durch eine sich abzeichnende Versorgungslücke mit Rohöl, was in der VR China, aber auch in den USA und bei anderen Großstaaten dazu geführt hat, dass die strategischen Ansätze zur Lösung des Energieproblems die Oberhand über die mehr am Markt orientierten bekommen haben.

Die Staaten, welche sich, wie besonders im Falle der USA und Chinas, auf ihrer höchsten Ebene durch einen Korporatismus, d. h. einer engen Verwobenheit von politischen und wirtschaftlichen Führungspersonen auszeichnen, versuchen nun durch die Schaffung oder Erweiterung ihrer Bündnissysteme, und durch den aktiven und passiven Einsatz ihrer Machtmittel, den Zugang zu den wichtigsten Energieregionen der Welt zu sichern.

4.2. Die Großmachtssysteme im Bereich der internationalen Energiepolitik

Betrachtet man die drei Fallstudien, sowie den direkten Vergleich zwischen der VR China auf der einen Seite und den Vereinigten Staaten bzw. Japan auf der anderen Seite, so muss man die vorangestellte These, dass China, getrieben von einem zunehmenden Ölbedarf, gezwungen wird, in bestehende Einflusssphären vorzudringen, bejahen. Durch sein Engagement in der Golfregion, Zentralasien, Afrika und Südamerika (besonders Venezuela), bekommt China Lieferkontingente, welche ansonsten den Bedarf der USA und sekundär den ihrer Verbündeten decken würden. Dies ist für die Verbündeten umso

---

174 Nohlen: Lexikon der Politik, S. 316

175 In diesem Falle sind das die USA und ihre Verbündeten nach dem 2. Weltkrieg.

schmerzhafter, als es in Zeiten der Angst vor einem weltweiten Produktionspeak und steigender Preise nur natürlich ist, dass die Großmacht zuerst an sich selbst denkt und die finanziellen Belastungen von den machtpolitisch nachgeordneten Staaten getragen werden müssen.

Dieser zunehmende Wettbewerb hat auch die engen Beziehungen zwischen MNUs und den einzelnen Großmächten vertieft- was sich im jüngsten Fall der staatlichen Protektion von Unocal gezeigt hat und was auf eine allgemeine Verschärfung des Wettbewerbs hindeutet. Die Staaten realisieren, dass die großen Energiekonzerne die Werkzeuge in diesem „Kampf um das Öl" sind, und dass man einem konkurrierenden Land durch den Aufkauf oder die Zerschlagung seiner Konzerne die Fähigkeit nehmen kann, an diesem Wettbewerb teilzunehmen.

Im Kampf um das Öl beginnen sich zwei große Mächtesysteme herauszukristallisieren. Auf der einen Seite das „westliche" amerikanische, Großmachtsystem mit den USA als Zentrum und auf der anderen Seite verschiedene aufsteigende Mächte wie die VR China, Russland, Indien oder Pakistan, welche noch nach der Form eines ihnen gemäßen Bündnissystems suchen. Bisher scheint jedoch die Achse Moskau-Peking als einzige in der Lage zu sein, dem westlichen System tatsächlich Konkurrenz zu machen und um eben diese Achse gruppieren sich zunehmend auch die übrigen Mächte.

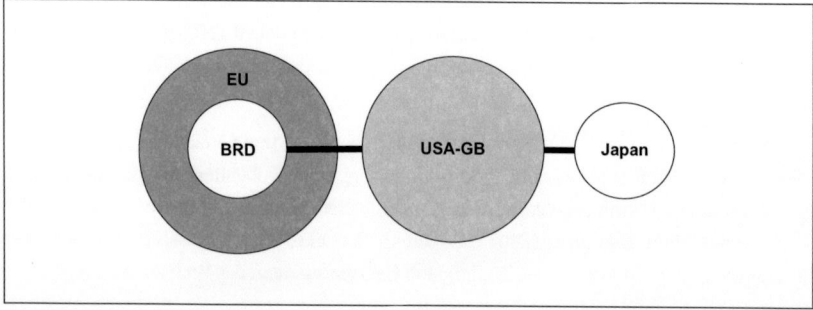

Abb. 14: Der Kern des amerikanischen Mächtesystems

Dabei sieht man, dass diesen Bündnissystemen die Zugehörigkeit der einzelnen Staaten entweder als zu dem Lager der Mächte des Beharrens oder zu dem der Mächte des Wandels zugrunde liegt. Tatsächlich halten sich die Staaten, welche von der bisherigen Macht- und Ressourcenverteilung im internationalen politischen System profitierten vor allem an die USA und hoffen, zusammen mit diesen, das bestehende System zu erhalten und vor den Ansprüchen der aufsteigenden Mächte abzuschotten. Sie nutzen dabei vor allem ihre langen politischen und wirtschaftlichen Beziehungen zu den Förderländern, sind aber in zunehmendem Maße auch bereit, militärische Gewalt zur Bewahrung ihrer Ansprüche einzusetzen. Andererseits versuchen die Mächte des Wandels, welche bei der bestehenden Ressourcen- und Machtverteilung übergangen wurden, bzw. darauf keinen

Einfluss hatten, sich ihren Zugang zu den weltweiten Ölvorkommen zu erschließen. Wobei es zu überraschenden Allianzen kommt und kommen kann, wie die Achse Moskau-Peking oder die zunehmende Annäherung Indiens, Pakistans und des Iran an die SCO belegen.

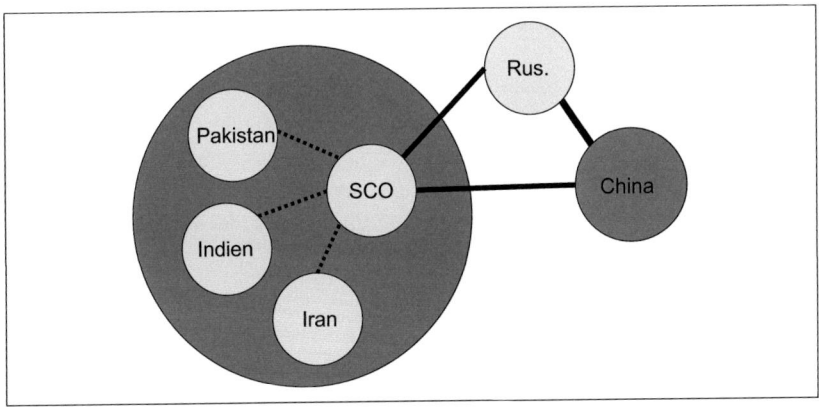

Abb. 15: Ein sich entwickelndes chinesisches Mächtesystem?

Hierbei überschneidet sich der Ansatz der Mächte des Wandels und des Beharrens mit dem Hegemonie- und Gleichgewichtsansatz. Die Tendenz der amerikanischen Hegemonialmacht, ihre Interessen immer stärker und einseitiger durchzusetzen, hat nicht nur auf der Seite der am Wandel des internationalen Systems interessierten Staaten Abwehrreaktionen hervorgerufen, sondern auch unter den engsten Satelliten, Deutschland und Japan zu Haltungen Anlass gegeben, welche man am besten mit einer Form passiven Widerstandes beschreibt- so z. B. die Weigerung Deutschlands, den Angriff auf den Irak gutzuheißen[176].

So hat es sich ergeben, dass in einzelnen Fragen Staaten (die „zwischen den Gezeiten treiben"), welche bisher fest im Lager der Mächte des Beharrens eingebunden waren, beginnen mit denen des Wandels zu kooperieren; so dass das einseitige Vorgehen der USA im Bereich ihrer Energiesicherung, das Sinken der Waagschale zu ihren Gunsten- durch die Einnahme eines großen Teils der weltweiten Ölreserven unter ihre direkte oder indirekte Kontrolle- eine zunehmende Gegenbewegung auf der anderen Seite hervorruft, wobei Bündnisse wie die SCO durch die gemeinsame Bedrohung besonders gestärkt werden und die eigenen Verbündeten sich entfremden.

---

176 Deutschland nahm im Irak-Krieg allerdings eine Zwitterstellung ein und erlaubte den USA die Nutzung ihrer Basen in Deutschland bei Angriffen. Das Bundesverfassungsgericht stellte fest, dass Deutschland damit das Neutralitätsgebot gebrochen hat. Siehe: Verstoß gegen Völkerrecht, http://www.spiegel.de/politik/deutschland/0,1518,373592,00.html, gesehen am 09.09.2005

Zugrunde liegt dem allen die Suche nach einem neuen Ordnungssystem auf dem Erdball durch die aufstrebenden Staaten. Wobei diese nicht nach einer Dominanz der Welt an sich streben, sondern vorerst nur nach einer neuen Machtverteilung im internationalen System, d. h. an einem neuen Gleichgewichtszustand interessiert sind.

> **Vergleich der Fähigkeiten zur Machtprojektion zwischen den USA und der VR China**

Um die Fähigkeiten einer internationalen Machtprojektion durch eine Großmacht und ihrer Attraktivität für ein Förderland zu analysieren, wurden hier die politischen, wirtschaftlichen und militärischen Faktoren herausgegriffen, da sie sich im Falle der internationalen Energiepolitik als die zweckmäßigsten Kriterien erwiesen. Anhand dieser Punkte lassen sich nun die Großmächte vergleichen und Aussagen über die mögliche zukünftige Entwicklung treffen.

	Wirtschaftl. Macht	Politische Macht	Militärische Macht
USA	X	(X)	X
VR China	X	X	–
Japan	X	–	–

Tab. 9: Vergleich der Fähigkeiten zur Machtprojektion zwischen den USA, China und Japan

Wie sich aus den Fallstudien ergeben hat, nimmt die wirtschaftliche und politische Attraktivität der USA zunehmend ab. Dies liegt u. a. daran dass die Wirtschaft der Vereinigten Staaten durch das ständig wachsende Handelsbilanzdefizit in Schwierigkeiten gerät, die Warnungen vor einer Immobilien-Bubble zunehmen[177] und sich, durch die expansive Geldpolitik, in vielen Ländern gewaltige Mengen von US-Devisen auftürmen. Doch hat die US-Wirtschaft aufgrund ihrer Größe und ihrer Dominanz des weltweiten ökonomischen Systems immer noch eine große Attraktivität als Investitionsstandort und Absatzmarkt.

Die größten Einbußen an Reputation verzeichneten die USA in den letzten Jahren jedoch auf dem Feld ihrer politischen Attraktivität. Das zunehmende, offensichtliche Eingreifen in die inneren Angelegenheiten anderer Länder und der Druck, dem Bilde Amerikas entsprechende politische und wirtschaftliche Systeme einzuführen, haben in weiten Teilen der Welt, besonders in Asien und der islamischen Welt, aber auch in Südamerika, eine zunehmend ablehnende Haltung gegenüber der Weltmacht aufkommen lassen, was es ihr erschwert, mit den in den dortigen Kulturkreisen gelegenen Förderländern stabile wirtschaftliche und politische Beziehungen aufzubauen. So bleibt den USA oftmals nur noch

---

177 Eine dadurch ausgelöste wirtschaftliche Kettenreaktion könnte zum Zusammenbruch des amerikanischen Finanzsystems führen. Der Spiegel: Greenspan warnt vor Spekulationsblase, http://www.spiegel. de/wirtschaft/0,1518,371629,00.html, gesehen am 27.08.2005

ihre, von anderen unerreichte, militärische Machtprojektion, sei es zur Einschüchterung oder zur Lockung mit dem Versprechen des militärischen Schutzes.

Während sich die Position der USA in diesem Wettbewerb zunehmend verschlechtert, verbessert sich die der VR China. War China in der Vergangenheit für Ölexporteure noch relativ uninteressant, so hat es durch seine zunehmenden Importe als Absatzmarkt, d. h. zweitgrößter Importeur weltweit, stark an Attraktivität gewonnen. Verstärkt wird diese ökonomische Machtprojektion durch die ebenfalls steigenden chinesischen Investitionen in die Infrastruktur von Förderländern und Regionen, wie zurzeit besonders im Sudan, aber auch in Zentralasien.

Politisch wurde bereits darauf eingegangen, dass die VR eine Nichteinmischungsdoktrin verfolgt, welche es für andere Staaten und deren Regierungen ungemein attraktiv macht, mit ihr Geschäfte zu tätigen.

Alleine im militärischen Bereich wird die VR China mittel- bis langfristig für nicht in ihrer geographischen Nähe gelegene Regionen unattraktiv bleiben.

4.3. Die Politik der USA als wichtigster Faktor bei der Entwicklung der chinesisch-amerikanischen Beziehungen

Für die zukünftige Entwicklung der Beziehungen zwischen der VR China einerseits und Japan und den USA andererseits wird die Position, welche Amerika als Weltmacht, gegenüber China einnimmt, entscheidend sein. Die Frage ist, ob die USA dem angelsächsischen Politikmodel, der alten „Balance of Power" Doktrin folgend versuchen, den chinesischen Aufstieg zu behindern und das Aufkommen eines Konkurrenten auf dem eurasischen Kontinent zu verhindern- wie es u. a. von prominenten Mitgliedern des „Project for the New American Century" gefordert wird[178], oder ob die USA ein mehr partnerschaftliches Verhältnis zu China suchen sollen, wie Brzezinski es 1997 postulierte.[179] Dies würde es der VR erlauben, Ostasien als gleichwertiger Partner der USA zu dominieren und ihr eine entscheidende Rolle im internationalen System und der Ressourcenverteilung zugestehen.

Tatsächlich scheinen sich jedoch die Stimmen zu mehren, welche dem traditionellen Weg folgen wollen, um die Position Amerikas zu erhalten, da der Aufstieg Chinas schneller vonstatten ging, als er von Brzezinski noch 1997 erwartet wurde. Das zunehmende Warnen der US-Presse vor einer militärischen Aufrüstung Chinas, von der Verschleppung vertraglicher Verpflichtungen nach dem WTO Beitritt, Kritik an der nationalen Wirtschaftspolitik, die Bestellung des Chinakritikers Friedberg zu Dick Cheneys Chefberater[180] usw. scheinen darauf hinzudeuten, dass die USA die Erben einer Politik

---

178 Schmitt/Blumenthal: Wishful thinking in our time, http://www.newamericancentury.org/china-20050808.htm, gesehen am 10.08.2005

179 Brzezinski: Die einzige Weltmacht, S. 267

180 The Economist, The best of rivals, 17.04.2004, S. 56

---

sind, welche England über Jahrhunderte in seinem Kampf gegen die damals aufsteigenden Nationen Frankreich und Deutschland kultiviert hat.

Doch behindern wichtige Punkte, wie: die übermäßige Strapazierung der amerikanischen Streitkräfte auf mehreren Kriegsschauplätzen, die engen wirtschaftlichen Beziehungen zwischen beiden Ländern (besonders auch im Devisensektor) und die entscheidende Bedeutung Chinas als einziger, wachsender, weltweiter Absatzmarkt für die westliche Wirtschaft, eine amerikanische Frontstellung gegen das Land. Und man darf auch nicht den Teil der politischen Eliten der USA vergessen, welcher bereit ist, China eine dominante Rolle in Asien zuzugestehen. Ob sie ihm diese auch weltweit erlauben würden, muss die Zukunft zeigen.

4.4. Die Handlungsmöglichkeiten Chinas

Auch wenn die Aktionen der USA noch immer die größten Auswirkungen auf die Stellung Chinas in der Welt haben, so ist das Land auch ein bedeutender Akteur im internationalen System geworden.

Eine gewichtige Möglichkeit, Einfluss auf die politischen Entscheidungen in Washington selbst zu nehmen, ergibt sich aus dem korporatistischen amerikanischen System und seiner, auf kontinuierliche Expansion ausgerichteten Wirtschaft. Durch die engen personellen Beziehungen, bzw. die Personalwechsel zwischen der höchsten Ebene der Konzerne und der Politik, besteht, wie schon ausgeführt, in weiten Teilen eine Interessensüberschneidung. Das heißt, dass, solange China der amerikanischen Wirtschaft große Gewinne und Wachstum verspricht, es mit der Unterstützung eines großen Teils der US-Eliten rechnen kann. Allerdings besteht das Risiko, dass dies im Falle von Konkurrenzsituationen in Schlüsselzweigen (Energie) in das Gegenteil umschlagen kann. Dies bedeutet, dass die Angst der US-Wirtschaft vor chinesischer Konkurrenz zu verstärkter politischer Konkurrenz führt. Dem kann China nur durch eine sehr vorsichtige Wirtschaftspolitik, welche Rücksicht auf amerikanische Befindlichkeiten nimmt, begegnen. In, für das Wohlergehen Chinas, entscheidenden Bereichen wie dem Ölsektor ist es jedoch kaum möglich, Konzessionen zu machen.

So ist der wirklich entscheidende Faktor für die Sicherung Chinas eine geschickte Bündnispolitik. Das wichtigste Ziel Chinas muss es dabei sein, ein Bündnis zwischen den USA, Europa und Russland zu verhindern, denn dies ist die einzige Konstellation, welche China wirklich gefährden, d. h. einkreisen könnte, da ihr sehr wahrscheinlich auch Japan und Indien beitreten würden. So ist es für China überlebenswichtig, das Bündnis mit Russland zu festigen. Mit Russland im Rücken kann China im Notfall seinen Energiebedarf decken. Selbst bei einer Konstellation USA-Indien-EU-Japan wäre die Achse gleichwertig und außerdem stark genug, um für andere Länder wie z. B. Pakistan, den Iran oder Indien[181] attraktiv zu sein.

Da ein Heranrücken an die USA, zumindest mittelfristig, als äußerst unwahrscheinlich erscheint, sollte eine Art „Rückversicherungsvertrag"[182] mit Russland mit der Option des Beitritts für andere Länder, etwa *(China + Russland) + x*, die entscheidende Grundlinie der chinesischen Außenpolitik bilden.

4.5. Die Auswirkungen des steigenden chinesischen Rohölbedarfs auf den Weltölmarkt

Die Größe der chinesischen Volkswirtschaft, die gewaltige Zahl seiner Bevölkerung und die schnelle technische Entwicklung bedingen den Rohölbedarf des Landes, welcher wiederum durch den Peak der heimischen Produktion und durch die nur noch langsam wachsenden weltweiten Produktionskapazitäten direkte Auswirkungen auf den Preis und die Verfügbarkeit von Erdöl auf dem internationalen Markt hat.

Auf der nationalen Ebene sind es vor allem drei Punkte, welche den chinesischen Ölbedarf bestimmen:[183]

1. Die wirtschaftlichen Wachstumsraten

2. Die chinesische Transport- und Automobilpolitik

3. Die Entwicklung und Implementierung neuer Technologien im Transportsektor, wie z. B. Kohleverflüssigung und Brennstoffzellen

Jedoch ist es sehr schwer, die augenblickliche Entwicklung von steigenden Energiepreisen und Versorgungsschwierigkeiten in die Zukunft fortzuschreiben. Es ist deshalb notwendig Entwicklungsszenarien herauszuarbeiten und nach ihrer Wahrscheinlichkeit zu gewichten.

➤ **Rezession**

Eine Rezession würde dazu führen, dass der Ölbedarf der Wirtschaft zurückgehen würde, weniger Autos und Lastkraftwagen gekauft, bzw. einige stillgelegt würden. China würde wieder mehr einheimische und billige Energieträger, wie Kohle und Hydroenergie, nutzen müssen und die frei werdenden Exportkapazitäten der Förderländer würden auf dem Weltölmarkt zu einer Preisentspannung führen (wobei die westlichen Industrienationen durch den Verlust des chinesischen Absatzmarktes schwer in Mitleidenschaft gezogen

---

181 Für die Beziehung zu Indien ist das Verhalten seiner herrschenden Familien entscheidend, welche alle eine angelsächsische Ausbildung genossen und deshalb für China politisch relativ unzuverlässig sind.

182 Der eigentliche Rückversicherungsvertrag wurde 1887 zwischen Russland und dem Deutschen Reich geschlossen und bildete den Grundstein der Außenpolitik Bismarcks, um das Überleben Deutschlands zu sichern.

183 Nach Andrews-Speed: The Strategic Implications of China's Energy Needs, S. 23

würden). Da jedoch der Rückgang des Energiebedarfs in diesem Falle mit einer gewissen Zeitverzögerung einsetzen würde, gingen auch die chinesischen US-Devisenreserven (bei gleichbleibenden US-Importen) zurück.[184]

Dieses Szenario ist jedoch unter den gegenwärtigen Umständen das unwahrscheinlichste.

➤ Stagnation

Eine Stagnation des chinesischen Ölverbrauchs könnte durch ein langsameres Wirtschaftswachstum oder staatliche Beschränkungen des Kfz-Marktes hervorgerufen werden. Dabei darf man nicht vergessen, dass die chinesische Regierung, ähnlich wie Ende der 90er Jahre, durch Vorschriften oder eine Fiskalpolitik das allgemeine Wachstum und das des Automobilmarkts im Besonderen indirekt eindämmen könnte.[185] Diese „japanische Lösung" (d. h. sehr hohe Steuern auf Privat-PKWs unter gleichzeitiger Erweiterung der öffentlichen Massentransportmittel) würde zwar zu einem Abflachen der chinesischen Energieimporte führen, hätte jedoch keine unmittelbare Auswirkungen auf den Weltölmarkt, da die Versorgungslage durch den bereits hohen Verbrauch auch mittelfristig weiter angespannt bliebe.

➤ Wachstum

Ein weiteres Wachstum der chinesischen Wirtschaft und des KFZ-Marktes würden sich am stärksten in steigenden Importzahlen widerspiegeln und China zwingen, zunehmende Ölkontingente dem internationalen Markt zu entziehen, was zu einem langfristigen Preisanstieg und einer weiteren Verknappung führen würde. Ohne staatliche Eingriffe ist zu erwarten, dass das starke Wachstum des KFZ-Marktes jedwede Energieeinsparungen, z. B. durch effizientere Motoren oder eine bessere Energieinfrastruktur, zunichte machen würde. Gleichzeitig hätte aber dieser steigende Importbedarf die Wirkung, dass die sich auftürmenden US-Dollarreserven dadurch wieder abgeschmolzen werden könnten, was den Druck auf die amerikanische Währung nehmen würde.[186]

Die gegenwärtigen Umstände lassen die Szenarien zwei oder drei als wahrscheinlich zu. Das heißt, dass es mittelfristig keine Entspannung auf dem Weltölmarkt geben wird und man sich auf zunehmend steigende Preise einstellen muss. Dass China im Sinne eines „Leapfrogging" eine industrielle Entwicklungsstufe überspringen und seinen Schwerpunkt gleich auf den Aufbau einer starken Dienstleistungsindustrie legen wird, ist unwahrscheinlich, da es als Produktionsstandort für viele Firmen aus den Industrieländern mindestens noch mittelfristig nicht durch Indien oder andere Länder und Regionen als

---

184 Ob dieses Abstoßen der Devisenreserven schnell oder langsam geschieht, entschiede darüber ob die Finanzmärkte mit USD überschwemmt würden oder ob sich der finanzielle Druck auf den Dollar langsam abschwächen würde.

185 Studwell: The China Dream, S. 141

186 Allerdings nur wenn die amerikanischen Importe aus China langsamer als der chinesische Ölkonsum wachsen würden oder der Yuan freigegeben und an Wert gegenüber dem Dollar einbüßen würde.

Produktionsstandort zu ersetzen ist. Näher liegt die Erwartung, dass China, aufgrund seines großen und zunehmend auch gut ausgebildeten Arbeitskräftepotentials, sowohl Industrien des sekundären als auch des tertiären Bereichs bedienen wird.

Es hat den Anschein, als würde das Anhäufen von Devisenreserven (besonders USD) auch weiterhin zunehmen, solange zumindest bis die amerikanische Wirtschaft nicht in eine starke Rezession gerät. Der geringe Spielraum, welcher dem Yuan im Verhältnis zum USD eingeräumt wurde[187], ist zu klein, als dass er zu einem Abbau des amerikanischen Handelsbilanzdefizits und indirekt der chinesischen USD-Reserven führen könnte.

Somit wird mittelfristig die geostrategische Sicherung der Rohölversorgung bei den Großmächten Priorität genießen, China noch stärker als bisher die bestehenden Interessensphären in Frage stellen und das amerikanisch-chinesische Verhältnis entscheidend für die Schaffung eines neuen internationalen Mächtesystems sein.

---

187 renminbihuilügaige chutaibuhou (Was hinter der Wechselkursreform der chinesischen Währung steckt)http://finance.people.com.cn/GB/8215/29629/39320/3570701.html, gesehen am 03.08.2005

Literatur

Andrews-Speed, Philip/Liao, Xuanli/Dannreuther, Roland: The Strategic Implications of China's Ebergy Needs, Adelphi Paper 346, Oxford, Oxford University Press 2002

Bertelsmann Universal Lexikon, Gütersloh, Bertelsmann Lexikon Verlag 1994

Brodsgaard Kjeld Erik/Heurlin, Bertel (Hrsg.): China's Place in Global Geopolitics- International-Regional and Domestic Challenges, London, RoutledgeCurzon 2002.

Brzezinski, Zbigniew: Die einzige Weltmacht – Amerikas Strategie der Vorherrschaft, Frankfurt a. M., Fischer Taschenbuch Verlag 2004

Cole, Bernard: Oil for the Lamps of China – Beijing's 21st Century Search for Energy, Washington D.C., National Defense University Press 2003

Druwe, Ulrich/Halbohm, Dörte/Singer, Alex: Internationale Politik, Neuried, ars una Verlagsgesellschaft 1998

Ferdowsi, Mir A. (Hrsg.): Internationale Politik im 21. Jahrhundert, München, Wilhelm Fink Verlag 2002

Glassner, Martin Ira: Political Geography, New York, John Wiley&Sons Inc. 1995

Haushofer, Karl: Weltpolitik von heute, Berlin, Zeitgeschichte Verlags und Vertriebsgesellschaft 1934

Herrmann-Pillath, Carsten/Lackner, Michael: Länderbericht China –Politik, Wirtschaft und Gesellschaft im chinesischen Kulturraum, Bonn, Bundeszentrale für politische Bildung 2000

International Energy Agency: China's Worldwide Quest for Energy Security, Paris, OECD/IEA 2000

International Energy Agency: Energy Policies of IEA Countries: Japan 2003 Review, Paris, OECD/IEA 2003

Nohlen, Dieter: Lexikon der Politik – Band 6 Internationale Beziehungen, München, C.H. Beck 1994

Ong, Russel: China's Security Interests in the Post-Cold War Era, London, Curzon Press 2002

Perkins, John: Bekenntnisse eines Economic Hit Man, München, Riemann Verlag 2005

Rashid, Ahmed: The Resurgence of Central Asia – Islam or Nationalism?, London, Oxford University Press 1994

Schubert, Gunter (Hrsg.): China – Konturen einer Übergangsgesellschaft auf dem Weg ins 21. Jahrhundert, Hamburg, Deutsche Gesellschaft für Auswärtige Politik 2001

Stoye, Johannes: Ölmacht-Weltmacht; die räumlichen Grundlagen der Erdölkämpfe, Berlin, B.G. Teubner Verlag, 1936

Studwell, Joe: The China Dream –The Quest for the last great Untapped Market on Earth, New York, Grove Press 2003

Sutton, Anthony: Wallstreet and FDR, New York, Arlington House 1975

Wang, Haijiang Henry: China's Oil Industry& Market, Oxford, Elsevier 1999

Zhang, Jin: Catch-Up and Competitiveness in China – The case of large firms in the oil industry, London, RoutledgeCurzon 2004

Zeitungen und Zeitschriften

China Perspectives No. 54, Sepulchre, Alain: Energy and Globalisation: Oil and Gas in China Juli 2004, S. 24

Der Spiegel, Unocal Übernahme: Politiker sehen nationale Sicherheit in Gefahr, 27.06.2005, S. 26

Der Spiegel, Ab nach Darfur, 25.07.2005, S. 13

The Economist, The best of rivals, 17.04.2004, S. 56

The Economist, Royal Dutch/Shell's internal probe, 17.04.2004, S. 7

The Economist, From pacifism to populism, 10.06.2004, S. 22ff

The Economist, Oil: Unstoppable?, 21.08.2004, S. 59

The Economist, Oil and geopolitics: Crude arguments, 09.10.2004, S. 85

The Economist, In the pipeline, 13.11.2004, S. 36

The Economist, When the time comes to stop killing, 08.01.2005, S. 41

Handelsblatt Nr. 114, 2005, S. 25

Elektronische Texte

Staatliche- und Internationale Einrichtungen

Central Intelligence Agency, CIA Worldfactbook 2005, http://www.cia.gov/cia/publications/factbook/, gesehen am 30.07.2005

Energy Information Administration, China Country Analysis Brief, www.eia.doe.gov/emeu/cabs/china.html, gesehen am 31.5.2005

International Energy Agency, Logan: China scrambles for energy security, http://www.iea.org/textbase/speech/2005/jl_csis.pdf, gesehen am 01.08.2005

International Energy Administration, Wu, Kang: Energy and Economic Developments in China, http://www.iea.org/Textbase/work/2005/oil_demand/ Oilintransportwkshp/pdffiles-day2/dongquan.pdf, gesehen am 19.08.2005

Ministry of Foreign Affairs of the Russian Federation, Press Statement Following the Meeting of the Shanghai Cooperation Organisation Council of Heads of State, Astana, July 5, 2005, http://www.ln.mid.ru/brp_4.nsf/sps/5C6695C5 CAC855CEC3257036002629EE, gesehen am 04.08.2005

Ministry of Economy, Trade and Industry Government of Japan, The Outlook for Energy Supply and Demand in 2030, http://www.iea.org/textbase/papers/ roundtable_slt/slt_japan.pdf, gesehen am 19.08.2005

Ministry of Petroleum and Mineral Resources, Saudi Companies, http://www.mopm.gov.sa/html/en/saudico_e.html, gesehen am 27.08.2005

shijie maijiawang (world importers net), shate de nengyuan he zhongshanengyuan hezuo (Saudische Energiequellen und die saudisch-chinesische Zusammenarbeit), http://service.win.mofcom.gov.cn/cbgyj/scdy2702.asp, 03.07.2005

United States Department of Energy: Office of Fossil Energy, An Energy Overview of the People's Republic of China, http://www.fossil.energy.gov/inter national/EastAsia_and_Oceania/chinover.html, gesehen am 16.02.2005

United States Energy Administration, Zhu: The Structure of China's Oil Market and Future Development, http://www.usea.org/Onsite%20Powerpoints%20-%20LORI%20only/Zhu%20Yu%20English.pdf, gesehen am 19.08.2005

United States Geological Surveys, USGS World Petroleum Assessment 2000, http://pubs.usgs.gov/fs/fs-062-03/FS-062-03.pdf, gesehen am 30.08.2005

The White House, Reliable, Affordable, and Environmentally Sound Energy for America's Future, www.whitehouse.gov/energy/Overview.pdf, gesehen am 13.06.2005

World Nuclear Association, Nuclear Power in China, http://www.world-nuclear.org/info/inf63.htm, gesehen am 10.06.2005

Zhongguo guoji kejiwang (china net of international technology cooperation), Zhongha shuyouguanjianshe jinru gongjian jieduan (Der chinesisch-kasachische Pipelinebau befindet sich in der Endphase), http://www.cistc.gov.cn/info/infoview.asp?id=56923, gesehen am 05.09.2005

Nicht-offizielle Quellen

Alexander's Gas and Oil Connections, China is building pipeline to disputed gas field in East China Sea, http://www.gasandoil.com/goc/news/nts43820.htm, gesehen am 07.06.2005

Alexander's Gas and Oil Connections, China is now largest Saudi oil client, News&Trends Volume 9 Issue 20, http://www.gasandoil.com/goc/history/welcome.html, gesehen am 16.09.2004

Alexander's Gas and Oil Connections, AFP: China to delay strategic oil reserves at current record prices, http://www.gasandoil.com/goc/news/nts52937.htm, gesehen am 03.09.2005

Asia Times, Bajipaee: China fuels energy cold war, http://www.atimes.com/atimes/China/GC02Ad07.html, gesehen am 01.09.2005

Asia Times, Engdahl: Revolution, geopolitics and pipelines, http://www.atimes.com/atimes/Global_Economy/GF30Dj01.html, gesehen am 15.07.2005

Asia Times, Ramachandra: Rumsfeld makes it to first base, http://www.atimes.com/atimes/Central_Asia/GG28Ag01.html, gesehen am 01.09.2005

Asia Times, Takahashi: Gas and Oil rivalry in the East China Sea, www.atimes.com/atimes/Japan/FG27Dh03.html, gesehen am 06.08.2005

British Petrol, Energy in Focus – Statistical Review of World Energy June 2004, www.bp.com/statistical review2004, gesehen 06.11.2004

Centre for Strategic & and International Studies, Dorian, James: Growing Chinese Energy Demand: Dramatic Global Implications, http://www.csis.org/energy/050323_ChinaEnergyDorian.pdf, gesehen am 25.08.2005

Chinas Defence Today, Air Power, http://www.sinodefence.com/airforce/default.asp, gesehen am 11.08.2005

Club of Rome, Meadows et al.: The Limits of Growth, http://www.clubofrome.org/archive/reports.php, gesehen am 03.09.2005

Coalition for a realistic Foreign Policy, Kober: Alliances and Counter-alliances in Asia, http://www.realisticforeignpolicy.org/archives/2005/04/alliances_and _c.php, gesehen am 27.08.2005

Contemporary Art from the Middle East, Near& Middle East, http://www.universes-in-universe.de/islam/eng/archiv/near-middle-east.html, gesehen am 16.08.2005

Coordinating Committee for Geoscience Programmes in East and Southeast Asia, China – Exploration/Development History, http://www.ccop.or.th/epf/china/ china_explor.html, gesehen am 27.05.2005

Energy Bulletin, Daragahi: China goes beyond Oil in forging ties to the Persian gulf, http://www.energybulletin.net/4015.html, gesehen am 11.08.2005

Energy Bulletin, Eytchison, Patrick: The Caspian Oil Myth, http://www.energybulletin.net/86.html, gesehen am 12.08.2005

Energy Bulletin, Goodman: China invests heavily in Sudan's Oil Industry, http://www.energybulletin.net/3753.html, gesehen am 18.07.2005

Energy Bulletin, Powers: Indonesia and Oman, http://www.energybulletin.net/1560.html, gesehen am 03.08.2005

Enzyclopedia of the Orient , Saudi-Arabia: History, http://lexicorient.com/cgi-bin/eo-direct-frame.pl?http://lexicorient.com/e.o/saudi_5.htm, gesehen am 08.07.2005

Forbes, Maidmet: Washington's Politics Shock Chinese, http://www.forbes.com/2005/ 08/02/china-takeover-cnooc-cx_pm_0802chinaoil.html, gesehen am 04.08.2005

Forbes, Snow Lauds Canada's Oil Sands Projects, http://www.forbes.com/associated press/feeds/ap/2005/07/09/ap2130349.html, gesehen am 10.08.2005

Global Policy Forum, Butt: Thirst for Crude Pulling China into Sudan, http://www.globalpolicy.org/security/issues/sudan/2004/0817chinaoil.htm, gesehen am 18.07.2005

Global Security, South China Sea Oil and Natural Gas, http://www.globalsecurity.org/ military/world/war/spratly-oil.htm, gesehen am 13.08.2005

Hubbert Peak of Oil Production, Duncan, Richard: The Peak of World Oil Production and the Road to Olduvai Gorge, www.hubbertpeak.com/Ducan/ olduvai2000.htm, gesehen am 05.08.2005

Hubbert Peak of Oil Production, Campbell: Forecasting global oil supply, http://www.hubbertpeak.com/campbell/Campbell_02-3.pdf, gesehen am 30.08.2005

India Daily, Russia and China sign strategic bilateral agreements, http://www.indiadaily.com/editorial/3407.asp, gesehen am 15.07.2005

Indiana University, Central Asia and Caucasus Political Map, www.indiana.edu/ ~afghan/maps/central_asia_map.jpg, gesehen am 03.08.2005

Institute for the Analysis of Global Security, Luft: Fueling the dragon, http://www.iags.org/china.htm, gesehen am 02.09.2005

Institute for the Analysis of Global Security, New study raises doubts about Saudi oil reserves, http://www.iags.org/n0331043.htm, gesehen am 10.08.2005

International Eurasian Institute for International and Political Research, Central Asian Neighbours close ranks, http://iicas.org/2005en/18_07_05_fr_en.htm, gesehen am 01.09.2005

Jamestown Foundation, Jiang: China's Quest for Energy Security, http://www.jamestown.org/news_details.php?news_id=74, gesehen am 02.09.2005

Japanese Institute of Global Communications, Kobayashi: A New Profile for Japan, http://www.glocom.org/opinions/essays/20040621_kobayashi_new/index. html, gesehen am 04.08.2005

Johns Hopkins Universität, Callari, Ron: Energy Interests, the US-Government, and the Post-Taliban Trans-Afghan Pipeline, http://www.kiddmillennium.com/ Trans-Afghanpipeline.htm, gesehen am 12.08.2005

Juidical Watch, Cheney Energy Task Force Case, http://www.judicialwatch.org/ printer_cheneycase.shtml, gesehen am 01.08.2005

MacGraw-Hill Construction, Ichniowski: KBR, Parsons Win Big Corps Contracts to Rebuild Iraq Oil Infrastructure, http://www.construction.com/NewsCenter/ Headlines/ENR/20040120a.asp, gesehen am 13.08.2005

National Defence University, Historical Overview of Chinese Arms Transfers, http://www.ndu.edu/inss/McNair/mcnair36/36hist.html, gesehen am 01.09.2005

Oil and Natural Gas Corporation Limited, Taneja: Gift of the Nile:, http://www.ongcindia.com/archives1.asp?fold=archives%5Cjul802&file1 =Feature_article&file2=feature_article2.txt, gesehen am 02.09.2005

Lexikon Freenet, Die Grenzen des Wachstums, http://lexikon.freenet.de/ Grenzen_des_Wachstums, gesehen am 05.09.2005

Project for the New American Century, Schmitt/Blumenthal: Wishful thinking in our time, http://www.newamericancentury.org/china-20050808.htm, gesehen am 10.08.2005

Renminwang (china people's network), renminbihuilügaige chutaibuhou (Was hinter der Wechselkursreform der chinesischen Währung steckt), http://finance.people.com.cn/GB/8215/29629/39320/3570701.html, gesehen am 03.08.2005

The Russia Journal, Putin opts for China-First oil plan, Japan and India relegated, http://www.russiajournal.com/news/cnews-article.shtml?nd=48534, gesehen am 05.08.2005

Spiegel Online, Greenspan warnt vor Spekulationsblase, http://www.spiegel.de/ wirtschaft/0,1518,371629,00.html, gesehen am 27.08.2005

Spiegel Online, Hoelzgen: Warum China am Arabischen Meer einen Hafen baut, http://www.spiegel.de/politik/ausland/0,1518,327534,00.html, gesehen am 12.11.2004

Spiegel Online, Triebe: Verstoß gegen Völkerrecht: Bundesrichter werfen Schröder Unterstützung des Irak-Krieges vor, http://www.spiegel.de/politik/ deutschland/0,1518,373592,00.html, gesehen am 09.09.2005

The Washington Post, Blum: Unocal's Assets Offer Chevron a Near-Term Boost, http://www.washingtonpost.com/wp-dyn/content/article/2005/07/21/ AR2005072102069.html, gesehen am 10.08.2005

xinhuawang (xinhua news net), bajijefu: meiguoying jieshu zaijierjisisitan de junshicun-zai (Präsident Basajev sagt: Die USA sollen ihre Militärpräsenz in Kir-gistan beenden), http://news.xinhuanet.com/mil/2005-07/18/content_ 3232161.htm, gesehen am 23.07.2005

xinhuawang (xinhua news net), jiurenfuzongtonggangsanzhou sudanqianfanzhengfujun-lingdaoren jihuirenwang (Der regierungskritische sudanesische Vizepräsi-dent verunglückt tödlich nach nur drei Wochen im Amt), http://news.xinhuanet.com/world/2005-08/02/content_3298071.htm, gese-hen am 02.08.2005

xinhuawang (xinhua news net), ribenyunxuminqikaifadonghaiziyuan yizaiqianzhizhong-guo (Japan erlaubt einer privaten Firma die Energiereserven im Ostchine-sischen Meer zu erschließen, um auf China Druck auszuüben), http://news.xinhuanet.com/world/2005-04/15/content_2832057.htm, gese-hen am 29.05.2005